广视角·全方位·多品种

权威·前沿·原创

皮书系列为
"十二五"国家重点图书出版规划项目

创意城市蓝皮书

BLUE BOOK OF
CREATIVE CITIES

总 编/张京成

·中国创意产业研究中心·

青岛文化创意产业发展报告
（2013~2014）

QINGDAO REPORT ON CULTURAL AND CREATIVE INDUSTRIES
(2013-2014)

主 编/马 达 张丹妮

社会科学文献出版社
SOCIAL SCIENCES ACADEMIC PRESS (CHINA)

图书在版编目（CIP）数据

青岛文化创意产业发展报告. 2013~2014/马达，张丹妮主编.
—北京：社会科学文献出版社，2014.6
（创意城市蓝皮书）
ISBN 978-7-5097-5545-7

Ⅰ.①青… Ⅱ.①马… ②张… Ⅲ.①文化产业-产业发展-
研究报告-青岛市-2013~2014 Ⅳ.①G127.523

中国版本图书馆 CIP 数据核字（2014）第 001882 号

创意城市蓝皮书
青岛文化创意产业发展报告（2013~2014）

主　　编/马　达　张丹妮

出 版 人/谢寿光
出 版 者/社会科学文献出版社
地　　址/北京市西城区北三环中路甲 29 号院 3 号楼华龙大厦
邮政编码/100029

责任部门/经济与管理出版中心（010）59367226　　　责任编辑/林　尧
电子信箱/caijingbu@ssap.cn　　　　　　　　　　　　责任校对/张兰春
项目统筹/恽　薇　高　雁　　　　　　　　　　　　　责任印制/岳　阳
经　　销/社会科学文献出版社市场营销中心（010）59367081　59367089
读者服务/读者服务中心（010）59367028

印　　装/北京季蜂印刷有限公司
开　　本/787mm×1092mm　1/16　　　　　　　　　　印　张/16.25
版　　次/2014 年 6 月第 1 版　　　　　　　　　　　　字　数/200 千字
印　　次/2014 年 6 月第 1 次印刷
书　　号/ISBN 978-7-5097-5545-7
定　　价/79.00 元

《创意城市蓝皮书》 总序

张京成

城市是生产力发展到一定阶段的产物，并随着生产力的发展而不断升级。时至今日，伴着工业文明的推进和文化提升，以及服务业的大力发展，经济增长方式的转变和产业结构的调整正在推动一部分城市向着一个前所未有的高度迈进，这就是创意城市。

创意城市已经为众多有识之士所关注、认同、思考。在全球性竞争日趋激烈、资源环境束缚日渐紧迫的形势下，城市对可持续发展的追求，必然要大力发展附加值高、渗透性强、成效显著的创意经济。创意经济实质上就是要发展文化创意产业，而城市是创意产业发展的根据地和目的地，创意产业也正是从城市发端、在城市中集聚发展的。创意产业的发展又激发了城市活力，集聚了创意人才，提升了城市的文化品位和整体形象。

纵观伦敦、纽约、东京、巴黎、米兰等众所周知的创意城市，其共同特征大都离不开创意经济：首先，这些城市都在历史上积累了一定的经济、文化和科技基础，足以支持创意经济的兴起和长久发展；其次，这些城市都已形成了发达的创意产业，而且能以创意产业支持和推进更为广泛的经济领域创新；最后，这些城市都具备了和谐包容的创意生态，既能涵养相当数量和水平的创意产业消费者，又能集聚和培养众多不同背景和个性的创意产业生产者，使创意经济行为得以顺利开展。

对照上述特征不难发现，我国的一些城市已经或者正在迈向创意城市，从北京、上海等一线城市，到青岛、西安等二线城市，再到义乌、丽江等中小城市，我们自2006年起编撰出版的《中国创意产业发展报告》一直忠实记录着它们的创意轨迹。今天，随着创意产业的蔚然成风，其中的部分城市已经积累了相当丰富的实践经验以及大量可供研究的数据与文字资料，对其进行专门研究的时机已经成熟。

因此，我们决定在《中国创意产业发展报告》的基础上，逐步对中国各主要创意城市的发展状况展开更加深化、细化和个性化的研究与发布，由此即产生了《创意城市蓝皮书》，这也是中国创意产业研究中心"创意书系"的重要组成部分。希望这部蓝皮书能够成为中国每一座创意城市的忠实记录者、宣传推介者和研究探索者。

是为序。

Preface to the
Blue Book of Creative Cities

Zhang Jingcheng

City came into being while social productivity has developed into a certain stage and upgrades with the progress of the productivity. Along with the marching of industrial civilization, cultural development, the growth of the service industry, the transformation of economic growth and the adjustment of industrial structure, cities worldwide have by now entered an unprecedented stage as of the era of creative cities.

Creative cities have caught the attention from various fields these years. While the global competition for limited resources gets heated, sustainable development has become the only solution for cities, which brings creative economy of high added value and high efficiency into this historic stage. Creative industries is the parallel phrase to creative economy, which regards cities as the bases and the core of the development, and cities is also the place where creative industries started and clustered. On the other hand, creative industries helped to keep the city vigorous, attract more talents and strengthen the public image of the city.

From the experiences of world cities such as London, New York, Tokyo, Paris, and Milan, creative economy has been their common characteristic. First, histories of these cities have provided them with certain amount of economic, cultural and technological resources, which is the engine to start and maintain creative economy; second, all these cities have had sound creative industries which can function as a driving force for the innovation and economic growth of the city; finally, these cities have fostered harmonious and tolerant creative ecology through time, which conserves consumers of creative industries, while attracting more creative industries practitioners.

It can be seen that some Chinese cities have been showing their tendency on the way to become creative cities, such as large cities of Beijing and Shanghai, medium – size cities of Qingdao, Xi'an and even small cities of Yiwu and Lijiang, whose development paths have been closely followed up in our *Chinese Creative Industries Report* started in 2006. By now, some cities have had rich experiences, comprehensive data and materials worthy to be studied, thus the time to carry out a special research has arrived.

Therefore, based on *Chinese Creative Industries Report*, we decided to conduct a deeper, more detailed and more characteristic research on some active creative cities of China, leading to the birth of Blue Book of Creative Cities, which is also an important part of Creative Series published by China Creative Industries Research Center. We hope this blue book can function as a faithful recorder, promoter and explorer for every creative city of China.

《青岛文化创意产业发展报告（2013～2014)》
编 委 会

顾问委员（按姓氏笔画排序）

马庚存　王修林　王纪刚　王恕民　孙宪政

曲金良　李玉珍　沈嘉荣　宋文京　辛　龙

张京成　张建刚　张胜冰　陈洪泉　周连坤

姜正轩　郄晋生　赵高潮　赵成国　栾　新

栾景裕　贾斯汀·欧康纳　薛永武

编委会主任　姜正轩

编委会副主任　孙宪政　王恕民

主　　编　马　达　张丹妮

执行主编　袁　素

编　　委（按姓氏笔画排序）

马　达　马召辉　邓　斌　冯耀东　李　阳

张丹妮　张　健　赵海明　赵英佐　宫玲玲

袁　素

贾斯汀·欧康纳（联合国教科文组织专家、澳大利亚昆士兰科
技大学教授）

张京成（北京科学技术研究院，中国创意产业中心主任）

薛永武（中国海洋大学文学与新闻传播学院院长、博士生导师）

曲金良（中国海洋大学文学与新闻传播学院教授、博士生导师）

张胜冰（中国海洋大学文学与新闻传播学院教授、博士生导师）

栾　新（青岛市人民政府副市长）

王修林（青岛市政协副主席）

郄晋生（青岛市政协副主席）

栾景裴（青岛市文化创意产业协会名誉会长）

李玉珍（中共青岛市委党校常务副校长）

张建刚（青岛市人民政府副秘书长）

王纪刚（青岛市文化广电新闻出版局局长）

赵高潮（民进青岛市委副主委）

辛　龙（青岛市文化广电新闻出版局副局长）

周连坤（中共青岛市委宣传部文化体制改革办公室主任）

陈洪泉（中共青岛市委党校科研部部长）

姜正轩（青岛市文化创意产业协会会长）

沈嘉荣（青岛市工业设计协会会长）

孙宪政（青岛市文化创意产业协会副会长）

王恕民（青岛市文化创意产业协会副会长）

马庚存（山东省社会学会副会长、青岛市社会科学院研究员）

宋文京（青岛市书法家协会副主席）

赵成国（中国海洋大学国家文化产业中心办公室主任）

合作机构

中共青岛市委党校

青岛市文化广电新闻出版局

青岛市市南区文化新闻出版局

青岛市市北区文化新闻出版局

青岛市四方区文化新闻出版局

青岛市李沧区文化新闻出版局

青岛市城阳区文化新闻出版局

青岛市黄岛区文化新闻出版局

即墨市文化广电新闻出版局

胶南市文化广电新闻出版局

胶州市文化广电新闻出版局

平度市文化广电新闻出版局

莱西市文化广电新闻出版局

青岛市文化创意产业协会

民进青岛市委员会

北京科学技术研究院中国创意产业研究中心

贾斯汀·欧康纳文化、传媒和创意产业研究中心

青岛瀛森创意规划顾问有限公司

主编简介

马 达 山东青岛人，教育部公派访问学者，英国利兹大学创意产业硕士。山东省政协委员，国内著名的文化创意产业研究专家，青岛市委党校文化政策主讲教师、青岛瀛森创意规划顾问公司创始人、中国文化创意产业网（www.ccitimes.com）的创建人。

先后担任青岛市创意100产业园规划、青岛市南蓝色经济文化创意产业规划、青岛市文化产业"十二五"专项规划等项目的文化创意产业咨询顾问。2007～2009年，曾在伦敦奥雅纳全球公司（ARUP）总部从事文化策略顾问工作，参与中国廊坊ECO TOWN、上海东滩、全球市长峰会等项目的文化研究工作。2008年主持引入"贾斯汀·欧康纳文化、传媒和创意产业研究中心"落户青岛创意100产业园，构建国内唯一的国际创意产业大师服务机构和与国际接轨的创意产业规划服务团队。2009年引入澳大利亚国家研究理事会"创意产业新媒体与创意产业研究"项目组，此项目为国际创意产业界最高学术研究课题之一，国内参与的城市有北京、上海、青岛。此研究项目的成果将成为创意产业规划与新媒体的国际标准。2014年计划推动青岛申请2016年的"世界图书之都"项目，此项目正在推进中。主导完成全国各城市文化产业规划30多项。

曾出版、编辑图书若干，2008年参编《中国创意产业发展报告2008》，2014年出版《青岛城事绘》（独著）。

张丹妮　韩国汉阳大学博士生，主要从事文化产业、韩国文化、韩流等方向的研究。曾于青岛市图书馆数字资源部任职，期间发表的论文获中国图书馆协会一等奖。2012～2013年，担任韩国汉阳大学中国问题研究所助理研究员，现于韩国 Platform Factory 电子商务公司担任主编，并任时代·中国文化创意产业网特约研究员。

摘　要

《青岛文化创意产业发展报告（2013～2014)》（以下简称《报告》）隶属于中国创意产业研究中心"创意书系"中的"创意城市蓝皮书"，是记录青岛市文化创意产业年度发展轨迹的权威著作。《报告》基本框架分为三部分。

第一部分为总报告。该部分对2012年青岛文化创意产业的发展现状进行了概括和总结，内容涵盖了青岛文化创意产业的总体情况、集聚区发展概况、各行业发展概况三个方面。在此基础上，指明产业发展方向，从产业职能部门、分类标准、投融资平台、扶持政策和认定管理办法五个角度提出了建设性的对策和建议。

第二部分为区市篇。该部分是对青岛市文化创意产业区域发展情况的总结，涉及青岛市市内的市南区、市北区、崂山区、李沧区、四方区、城阳区、开发区以及下辖的即墨市、胶南市、胶州市、平度市、莱西市。通过对七区五市的文化创意产业发展现状、发展定位、发展特点和发展瓶颈的总结和理论思考，提出了针对性、多样化的发展建议，为各区市指明了未来一个时期文化创意产业的发展重点并提出发展举措。

第三部分为专题篇。该部分对青岛的文化创意产业园区、文化创意产业政策、版权产业、民营实体书店、文化消费五个热点问题进行了专题研究。文化创意产业园区研究主要关注青岛文化创意产业园区的区域布局、行业分布、建设规模、发展特点、发展历程、园区类型等，在实证研究的基础上总结发展问题并提出推动青岛文化创意产业园区大发展的具体建议。文化创意产业政策研究着眼于青岛市已出台的文化创意产业政策体系及其实施成效，通过与国内其他同级城市政策体系的比较研究找出差距，提出未来如何进一步完善青岛文化创意产业政策体系的具体意见。版权产业研究着重分析了青岛版权产业在政策出台、资金支持、司法监管、公共服务体系建设、软件正版化、宣传培训等方面的发展现状，并通过与其他版权城市的比较研究，借鉴经验，确定未来发展方向。民营实体书店研究通过对青岛民营图书市场供需双方的实地调研，总结了青岛民营实体书店的市场地位、规模、发展困境、发展特色，并提出了推动青岛民营书店大繁荣的发展战略和运营策略。文化消费研究立足于青岛市文化消费现状，提出了制约文化消费的五个因素：收入和社会保障、消费观念、文化产品价格、文化产品和服务的结构性短缺问题、文化资源的城乡配置，在此基础上提出了促进青岛市文化消费的十项措施。

Abstract

As one of the *Blue Book of Creative Cities* which is a part of Creative Series published by China Creative Industries Research Center, *Qingdao Report on Cultural and Creative Industries* (2013 – 2014) is an authoritative report on the development of Qingdao's cultural and creative industries (CCI).

This report consists of three parts. Part I is a general report on Qingdao's CCI development in 2012, including the state of CCI development in city districts and in different sectors. Based on the general review of the industrial development, the report discusses the perceived problems, sets the direction for Qingdao's CCI development, and puts forward constructive suggestions for its industrial division of labor classification criteria, investment and financing platform, supportive policies and administrative measures. Besides, the report gives an introduction to the key measures which the government will take to promote the development of CCI in the following years.

Part II introduces CCI development in Qingdao's seven districts, whichare Shinan, Shibei, Laoshan, Licang, Sifang, Chengyang and Development District, and also in five county-level cities under the jurisdiction of Qingdao, including Jimo, Jiaonan, Jiaozhou, Pingdu, and Laixi. The report summarizes the state, orientation, characteristics, and bottlenecks in CCI development, reviews the cultural theories applied and provides pertinent suggestions for each region with regard to the priorities and measures taken for CCI development in the following years.

Part III looks at five heated topics of Qingdao's cultural and creative industries: cultural and creative industrial parks, cultural policy, copyright industry, privately-owed bookstores, and cultural consumption. The first study mainly focuses on industrial parks' geographic distribution and layout, scale, type, industries location, development characteristics, and development history. It summarizes the development problems and puts forward specific suggestions for promoting the development of creative clusters in Qingdao based on empirical researchs. The cultural policy study reviews Qingdao's cultural policy system and its implementation effects, measures the gap between Qingdao's policy and that in cities at the same level, and specific suggestions for optimizing Qingdao's cultural policy system are offered. The third study reviews Qingdao's copyright industry development from six distinct aspects: policy-making system, support fund, judicial supervision, public service system, legal softwares'usage, and publicity training. It also makes a comparison between Qingdao's copyright industry and other cities in China, presents other's experiences from which Qingdao should learn, and sets a direction for Qingdao's copyright industry development. The study on privately-owned bookstores surveys the supply and demand relations in Qingdao's book market, reviews privately-owned bookstores' market standing, market scale, development dilemma, and characteristics, and puts forward development and business strategies for promoting Qingdao's privately-owned bookstores. The last study focuses on cultural consumption in Qingdao, which points out five constraints on cultural consumption: income and social welfare, consumption views, prices of cultural products, structural shortage of cultural products and cultural services, and the gap between cultural resources distribution in urban and rural areas. Furthermore, ten measures are proposed to promote Qingdao's cultural consumption.

目 录

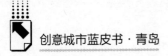

B III 专题篇

B IV 附录

皮书数据库阅读**使用指南**

CONTENTS

B I General Report

B II Regional Reports

]B Ⅲ   Special Reports

]B Ⅳ   Appendices

总 报 告

General Report

B.1

2012 年青岛市文化创意产业
整体运行情况

　　2012 年 2 月中共青岛市委第十一次代表大会报告提出，今后五年，要"实施文化强市战略迈出坚实步伐，在更广视野、更高起点、更深层次上大力推进文化改革发展，努力把青岛建设成为文化品位高雅、文化底蕴丰厚、文化事业繁荣、文化产业发达的现代海洋文化名城"，并进一步提出"要加大投入力度，鼓励文化消费，优化产业布局，转变文化产品生产方式，提升文化产业在全市经济中的支柱产业地位"。建设现代海洋文化名城，青岛任重道远。文化创意产业将成为青岛在未来五年晋升国内一线城市的重要因素。2012 年，青岛市文化创意产业继续加速前行，成为青岛地区新的经济增长点，在优化经济结构、壮大经济规模等方面发挥着积极作用。

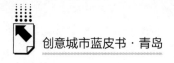

一 2012 年青岛市宏观经济环境情况

2012 年，青岛市面对复杂严峻的国际经济形势和全国经济下行的压力，经济总量平稳增长，经济结构继续调整。2012 年，全市实现地区生产总值 7302.1 亿元，同比增长 10.4%，高于全国平均水平（7.8%）2.6 个百分点，增速放缓，同比减少 7 个百分点。在全国首批十四个沿海开放城市中，青岛市地区生产总值位居第四，在上海、广州和天津之后（见图 1）。全市人均地区生产总值达到 75563 元（约合 11994 美元）。全市三次产业结构由 2011 年的 4.6∶47.6∶47.8 变化为 4.4∶46.6∶49.0，第一产业和第二产业比重都进一步降低，第三产业比重继续提升，表明青岛市产业结构调整与优化已取得明显成效，资本、人才等要素资源不断向第三产业转移。

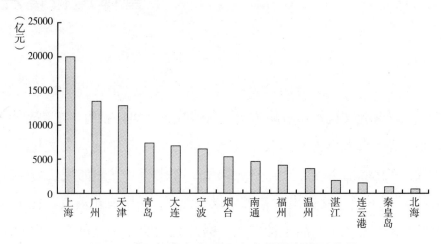

图 1 2012 年青岛市地区生产总值在中国首批
14 个沿海开放城市中的排名

作为推进城市发展、提升城市能级的重要动力，现代服务业一直在青岛市经济发展中占据重要地位，发展速度始终保持领先。

2012 年，全市现代服务业实现增加值 1785.5 亿元，同比增长
16.5%（现价），较上年提高了 1.4 个百分点，占服务业总量接近
一半，达到了历史性的 49.9%，带动全市服务业发展质量持续提
升。从现代服务业各行业的发展速度来看，文化体育娱乐业以
31.6% 的增速居第三位，高于现代服务业平均增速 15.1 个百分点。
全市蓝色经济区建设不断加快、空间布局不断优化，现代服务业呈
现较快发展态势，产业布局日渐成型。特别是胶州湾东海岸主城
区、西海岸经济新区、红岛经济区及周边地区，区域发展特色逐步
彰显。此外，青岛市文化科技产业实现增加值 807 亿元，同比增长
20%，占地区生产总值的比重为 10%。青岛市宏观经济面的种种
数据表明，发展文化创意产业的综合环境进一步改善。

二 青岛市文化创意产业发展现状

（一）青岛市文化创意产业发展的总体情况

1. 文化创意产业增加值稳步增长

以文化产业成为国民经济支柱性产业作为战略目标，以文化产
业成为国家产业竞争力重要组成部分作为重要方向，以文化品牌成
为国家文化形象的重要标志作为发展追求，是党的十八大对今后一
段时期文化产业的发展提出的新认识。2012 年 5 月 10 日文化部颁布
的《文化部“十二五”时期文化改革发展规划》则进一步提出实施
差异化的区域文化产业发展战略，以及包括特色文化产业发展工程在
内的九项重点产业工程，为地方文化产业的发展指明方向、理清思路。

总体来看，2012 年，青岛文化创意产业在世界经济增长下滑
和国内经济面临下行压力的宏观经济环境下，依旧保持高于地区生

产总值的增长速度。2012 年青岛市文化创意产业增加值达到 601.7
亿元（见图 2），同比增长 18%，增速有所增加，提高了 2 个百分
点，并且远远高于 GDP 10.4% 的增速。文化创意产业增加值占地
区生产总值的比重为 8.2%，比 2011 年提高约 0.4 个百分点。据统
计，近六年来青岛市文化创意产业年均增速约为 20%，占地区生
产总值的比重提高了 2.2 个百分点。

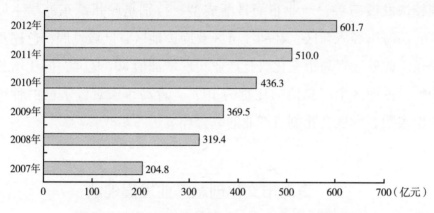

图 2 2007～2012 年青岛市文化创意产业增加值

与国内其他副省级城市相比，青岛市文化创意产业增加值位居
前列，显示出较强的综合实力。然而与杭州、深圳等领头羊相比，
青岛市还存在较大的差距，反映出青岛市文化创意产业仍有很大的
发展空间（见图 3）。

2. 文化创意产业集聚区规模不断扩大

青岛市文化创意产业集聚区建设速度不断加快。到 2012 年已
建成创意 100 文化创意产业园、青岛国际动漫产业园等 26 个文化
创意产业园区，总投资额 156 亿元，总建筑面积 225 万平方米；
2012 年全年新规划文化创意产业园区 41 个，其中开工建设面积
88.3 万平方米，已竣工面积 81.7 万平方米，完成投资额达到 27.1
亿元；截至 2012 年，建成了特色文化街区共 18 条，总长度达到 15

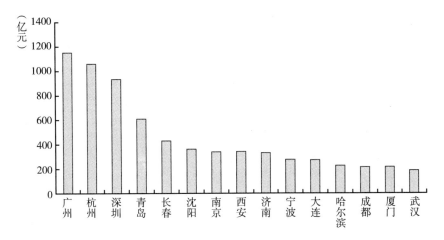

图3 2012 年全国副省级城市文化创意产业增加值

千米，集聚商家 6000 余家。

青岛市文化创意产业集聚区总量在全省和全国均位居前列。截至 2012 年，青岛市已建成的文化创意产业园区数量占山东省园区总量的 24%，在全省 17 个地级市中位列第 2，仅次于省会济南。与 2012 年中国文化创意产业最具影响力十大城市相比，青岛市园区数量位居中游，位于深圳、重庆、苏州、成都和武汉之前（见图4）。

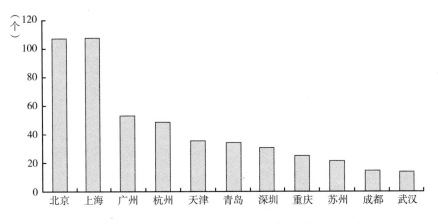

**图4 2012 年青岛与中国文化创意产业最具影响力
十大城市的园区数量比较**

虽然青岛市在园区建设数量上取得了令人瞩目的成绩，然而园区数量并不能成为文化产业园区发展水平的决定性因素。园区活动、地理位置、空间建筑创意度、入住率、管理运营模式、产业价值链、品牌知名度等都是制约文化创意园区发展的重要因素。青岛市在2012年未能入选"中国文化创意产业最具影响力十大城市"在一定程度上说明了这个问题。

因此，面对国内文化产业园区大建设、大发展的形势，青岛市应摒弃以量取胜的粗放式发展，明确自己的发展思路，保证园区规划建设的合理性，避免园区重复建设、园区定位雷同等问题；建立科学高效的运营模式，并不断在园区运营等实践活动中摸索发展经验、总结发展规律。

3. 文化创意产业融资难问题逐步得到解决

在政府部门的激励下，青岛市各商业银行开始主动接触文化企业，出台相关政策，支持青岛市文化创意产业的发展。2012年，青岛市政府联合青岛市金融部门定期向商业银行推介文化创意企业，并举办"金融支持文化创意产业发展推进大会"，促成10家文化企业与商业银行达成贷款协议31亿元。最值得一提的是国家开发银行青岛市分行，其一直十分关注青岛市的文化产业，积极促进金融资本与文化产业对接。2012年，在青岛市委宣传部、市发改委《支持文化产业发展规划合作协议》签署的背景下，该行主导编制《青岛市"十二五"文化产业发展系统性融资规划》，并与市文化广电新闻出版局签署了《支持青岛市文化产业发展开发性金融合作协议》等战略合作协议，双方将通过建立局行合作、文化产业研究等工作机制，协力促进青岛市文化金融产业发展。此外，通过青岛市委宣传部搭建平台，该行举办了开发性金融支持文化产业发展的银政企项目对接座谈会，进一步深化银企双方的联系与沟通。截至 2012 年，国家开发银行青岛分行提供文化产业相关项目评审承诺总额为 44.87 亿元，发放贷款额为 28.61 亿元，贷款余额达 26.08 亿元，成为青岛市支持文化产业发展的主力银行。青岛世园会、青岛体育中心、青岛大剧院等市级重点文化项目建设都得到了国家开发银行的资金支持。

4. 公共文化设施逐步完善

青岛市公共文化基础设施建设步伐加快，启动"百万平方米"工程。2012 年，全市新建与改造街道（镇）和社区（村）文化站（室）基层文化设施项目 1120 处，改善场馆设施 8 个，新增公共文化设施面积突破 20 万平方米，达到 22.63 万平方米。截至 2012 年底，全市共有各类文化机构 475 处，包括影剧院 40 处，文化馆（站）185 处，博物馆 10 处，公共图书馆 13 处，档案馆 14 处，艺术表演团体 7 个，广播电台 1 座、12 套节目，电视台 1 座、15 套节目。此外，全市有线电视用户达到 243.5 万户，数字电视用户达到 225.8 万户。

（二）各区市文化创意产业集聚区发展概况

2012 年青岛市在建的文化创意产业园区达 40 个，占地总面积为 58938.25 亩，总投资为 651.16 亿元。在建的文化创意产业园区并未像早期一样分布在青岛市经济、政治和文化中心的市南区和旅游业、商贸发达的崂山区，而是主要分布在作为重工业和商业中心的四方区、李沧区以及新兴产业发展较快的黄岛经济开发区、城阳区（见图 5）。作为经济比较发达的市辖市胶州、胶南等也入驻了一批重点文化创意集聚区。新园区的建设将有效弥补青岛市部分区市文化创意产业聚集区的空白，实现文化创意产业在全市范围内的合理布局。

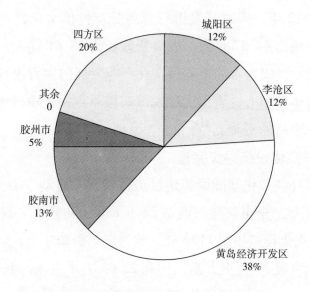

**图5 2012 青岛市各区（市）重点文化创意
产业集聚区分布**

四方区重点建设了青岛建筑设计创意产业园、青岛工业设计产业园、城市记忆–四方啤酒街老街城、山东影视文化产业园、欢乐滨海城影视拍摄基地（数字内容及文化休闲娱乐）、红锦坊艺术工坊、海尔智能产业园、海尔数字创意产业园（海尔智能产业园）8个文化创意产业项目，总投资额为154.95亿元，占青岛市重点文化创意产业项目投资总额的23.80%，占地面积为4695亩。李沧区重点建设了联创纺织文化创意产业园、中视动画城、青岛华强科技产业基地、国家广告产业园、天安数码城5个文化创意产业项目，总投资额为19.95亿元，占青岛市文化创意产业重点项目投资总额的3.06%，占地面积为589亩。黄岛经济开发区规划建设了青岛海上嘉年华、青岛国家级版权交易中心、中国传媒大学青岛传媒文化基地、凤凰岛影视动漫创意城（二期）、中国石油大学出版社创意培训基地、北京乐视金传媒有限公司动漫及影视制作项目、中视联动漫产业基地等 15 个项目，是 2012 年青岛市所有区（市）中文化产业重点项目数最多的，总投资额为 120.21 亿元，占青岛市重点文化创意产业项目投资总额的 18.46%。15 个重点项目中有 5 个项目涉及动漫影视产业，投资额为 63.85 亿元，占开发区重点文化创意产业项目投资总额的 53.12%。胶南市开工建设了东夷文化产业园、金典红树林文化旅游项目、藏马山文化产业园、达尼文化产业园、中国儿童蒲公英培训示范基地 5 个文化产业重点园区，总投资额为 122.60 亿元，占 2012 年青岛市重点文化创意产业项目投资总额的 18.82%，占地面积 45200 亩，是青岛各区（市）中项目规划面积最大的地区。城阳区重点开工建设了青岛华强文化科技产业基地（二期）、中视动画城、青岛国家广告产业园、天安数码城、青岛盛文饰品创意设计中心 5 个文化产业项目，投资额为 217.00 亿元，占 2012 年青岛市重点文化创意产业项目投资总额的 33.33%，占地面积为 2469 亩。胶州市重点投资建设了少海新城文化创意产业园和孝之源文化创意产业园，总投资额为 16.50 亿元，占 2012 年青岛市重点文化创意产业项目投资总额的 2.53%，园区占地面积为 700 亩，是 2012 年全市文化创意产业重点项目建设数量最少、投资额度最低的区（市）（见表 1）。

表 1　2012 年青岛市各区（市）文化创意产业园区重点项目概况

区（市）名称	重点项目（个）	投资额（亿元）	投资额占全市的比例（%）	占地面积（亩）
四方区	8	154.95	23.80	4695
李沧区	5	19.95	3.06	589
黄岛经济开发区	15	120.21	18.46	—
胶南市	5	122.60	18.82	45200
城阳区	5	217.00	33.33	2469
胶州市	2	16.50	2.53	700

（三）青岛文化创意产业的行业发展概况

1. 出版发行业

2012 年，青岛市出版发行业实现新突破。全市出版各类杂志 2866 万册，出版报纸 108616 万份；编辑出版了《青岛百年史话》等 6 种适用图书，印制 18 万册。青岛民营书业的总体规模出现萎缩，销售总额从 2011 年的 3.29 亿元下降到 2012 年的约 2.16 亿元，从业人数从 2048 人下降到 1825 人。与之相对的是，数字出版业却呈现良好的发展势头，已经成为青岛出版发行业的重要组成部分和新的增长点。青岛市及时把握网络、数字和信息技术发展趋势，组织海尔、海信、移动、联通和青岛出版集团等优势企业联合成立青岛数字出版联盟，设立山东（青岛）数字出版基地，为青岛市集聚和提升数字出版产业奠定了良好基础。

2. 版权业

2012 年，青岛市版权业实现了跨越式发展。青岛市积极推进软件正版化，全市 138 家国有企业、上市公司、金融行业等重点骨干企业基本实现软件正版化，在全国名列前茅。同时，积极引导全市社会各界加强版权保护，拒绝盗版、使用正版。全市有 14 家企业（园区）被评为山东省"版权保护示范单位"，51 家企业（园区）被评为青岛市"版权保护示范单位"。版权登记数量超过 3000 件，在全省排名第一，近年来年均增长 20% 以上。青岛市版权保护协会不断加大版权社会服务力度，进一步提高版权作品登记效率，适时开展作品免费登记，2012 年 12 月为各界开展免费作品登记 2000 余件，为权利人节约资金 50 余万元。同时，版权保护协会在软件租赁、版权交易、版权评估、版权维护与调解纠纷等方面进一步提升服务水平和质量。青岛市文化市场行政执法局实施了出版物市场净化、正版普及、阳光网吧、文明娱乐、高雅艺术、文化遗产保护和健康视听 7 大工程，维护了文化市场的良好秩序，促进了版权产业的发展。

3. 影视业

2012 年，青岛市影视业保持稳步发展。广播电视产业加快打造有竞争力的市场主体。一是宣传与经营两大板块分开运行，青岛广电影视传媒集团有限公司正式组建并投入运营，广告代理经营能力大幅提升，广告收入保持两位数增长。二是打造相关产业板块，最值得一提的是广电无线传媒、中视文化等重点企业发展形势较好。三是对外合作取得新进展，与烟台、潍坊、威海等山东半岛五市的广电局共同出资成立了山东蓝色传媒股份公司。电影院线加速扩张，票房收入高速增长。新增城市影院 7 家，全市共计城市影院 32 家；新增银幕 55 块，全市共计银幕数量 206 块，座席数量 28684 个。2012 年累计放映电影场次约 31 万场，同比增长 61.84%；观影人次约 476 万人，同比增长 36.09%；票房收入约 1.5 亿元，占全省票房收入的 28%，同比增长 30.99%，成为有史以来票房收入最高的年度。

4. 动漫游戏业

2012 年，青岛市动漫游戏产业实力逐步壮大。全国动漫教育与产业发展论坛暨"高校动漫实用型教材"编写会议在青岛召开，来自全国的 30 个单位参加了论坛会议，对中国动漫教育与产业发展案例进行分析。第二届青岛凤凰岛"中视联"杯原创动漫作品大赛成功举办，共收到 796 份作品，其中 20 部作品获奖，极大地促进了人才培养和创作积极性，提高了青岛市动漫产业知名度。由青岛农业大学艺术与传媒学院创作的动漫作品《崂山传奇之王七学艺》获得"泰山文艺奖"一等奖，该作品在央视及省、市电视台播映时广受好评。青岛滨海学院以海外华侨学校 1~6 年级华语教材知识为蓝本，制作了教学类动画《汉语大典历险记》，为传承中国文化架起了华侨与祖国之间的桥梁。此外，青岛动漫创意产业协会首个实训基地落地，天王星影视动画有限公司与市技师学院签订校企合作协议，共同进行手机游戏开发和课程共建。

5. 软件信息业

2012 年，青岛市软件信息业保持了快速增长势头。青岛市获批成立"国家软件和信息服务业示范基地"，软件业务收入超过 530 亿元（见图 6），同比增长 34% 以上。全市软件企业认定和软件产品登记数量增速迅猛，全年新认定软件企业 58 家，同比增长 128%，新登记软件产品 251 个，同比增长 130%。青岛市共认定软件企业 407 家，登记软件产品 1523 个。在全国 5 个计划单列市中，2012 年青岛市新认定软件企业数超过大连和宁波，排名上升到第三位；新认定软件产品数超过大连，排名上升到第四位。为促进示范基地建设和软件信息服务业发展，青岛市委、市政府出台了《青岛市软件及服务外包产业发展规划（2012～2016）》《青岛市关于加快推进信息产业发展的意见》《青岛市促进软件产业发展规定》《促进软件产业跨越式发展的意见》等一系列扶持政策，为青岛软件产业的建设发展带来重大契机。

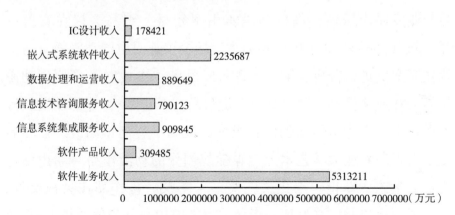

图 6　2012 年青岛市软件信息业各分类产值

6. 文化旅游业

2012 年，文化青岛建设结出的丰硕成果越来越多地通过文化旅游展现出来，从特色博物馆人数的激增到大型旅游演出的逐渐成熟，青岛文化旅游含金量越来越高。全市旅游总收入为 807.58 亿元，同比增长 18.5%，在全国 15 个副省级城市中位居第 9。全年入境旅游（外汇）收入为 8.25 亿美元，增长 19.6%，居全国 15 个副省级城市第 8 位。全年共接待国内外游客达 5717.5 万人次，增长 12.6%。其中，国内游客为 5590.5 万人次，增长 12.8%；入境游客为 127 万人次，增长 9.8%。在"千万平米"旅游休闲度假及会展设施工程的带动下，共确定了展现青岛休闲度假、海洋特色、文化科技融合等特点的旅游重点项目 81 个，计划投资总额约 1400 亿元。总督府博物馆、青啤博物馆等特色博物馆受到众多旅游者的青睐，旅游旺季接待游客量远超过接待负荷。浓缩青岛市井文化、里院建筑的劈柴院成为游客了解青岛民俗文化的重要窗口。奥帆中心改版升级的以青岛海洋文化为主要内容的"蓝色畅想"，每晚上座率达到八成，成为一种富有特色的文化旅游产品。即墨港中旅海泉湾推出的大型魔术舞蹈剧《梦归琴岛》，填补了青岛高端旅游演艺市场的空白。

三 青岛市文化创意产业发展建议

（一）设置独立的文化创意产业职能部门

成立青岛市国有文化资产监督管理办公室（以下简称市文资办）。市文资办作为正局级单位，列入政府直属机构序列，由市政府主要领导挂帅，抽调各局精干人员组成领导班子，加大统筹协调权威和力度，促进体制融合。该部门按照管人、管事、管资产、管导向相结合的要求，组建国有文化资产监督管理机构，统筹规划和实施文化改革发展相关工作，负责文化投资、资本运作、国有文化企事业单位资产管理及文化创意产业园区、重大文化项目、重点文化工程的规划立项和组织实施。

（二）建立青岛市文化创意产业分类标准

建议市统计局联合文化产业研究机构，在充分考虑青岛市文化创意产业应发展特点的前提下，充分开展调查研究和数据测算，吸收和借鉴国内外相关标准内容，并广泛征求各有关部门的意见和建议，建立"青岛市文化创意产业分类标准"，推进青岛市文化创意产业的统计监测和宏观管理。

（三）建设文化创意产业标准化评价指标体系

通过调研青岛市文化创意产业对各种标准的实际需求，形成文化创意产业标准化评价体系，文化创意产业应逐步走向量化、标准化和科学化。首先，建立适宜文化创意人才评价的标准化指标，用于文化创意人才的分类、定级及综合评判。其次，建立评价文化创意企业的标准化指标，综合考虑企业所属的行业范围、创意人才结构、创意产品的研究和开发等，开展青岛市文化创意企业标准化认证，用一些看得见、摸得着的数据和成效提高社会对企业的满意度，促进企业的发展。再次，建立文化创意产业集聚区评价标准，考虑园区的区位交通、配套形式、人才构成、空间活力等多个方面，探讨分析一个成功的文化创意产业集聚区的形成与发展所要具备的基本条件。最后，建立评价青岛"创意城市"建设的标准化指标，分析联合国教科文组织的认定标准，实现对青岛创建"创意城市"的跟踪评价。

（四）搭建功能完备的文化产业投融资平台

第一，成立文化创意产业投资基金。政府可以考虑拿出基金总规模的 10% 作为引导基金（母基金），成立母基金管理公司，母基金管理公司再与行业的领军企业共同建立专项基金，比如影视、动漫等，专项基金再通过融资募集一部分社会资本。第二，成立文化创意产业小额贷款公司，为全市"专、精、特、新"中小文化企业提供无形资产保险、无形资产质押贷款、担保贷款、创业投资、风险投资等一揽子融资服务。第三，与金融机构加强合作，成立文化创意企业融资担保公司，为文化创意企业融资进行担保，使之成为小额贷款和其他融资方式的有益补充。第四，组建国有独资的青岛文化投资发展集团，构建引领文化创意产业发展的核心主导力量，代表市政府进行投资。

（五）扩大财政预算中文化类支出比例

2012 年，青岛市地方公共财政支出中，文化体育与传媒类支出占 1.90%（见图 7），总额为 14.7 亿元，比 2011 年减少 0.9 个百分点。与北京、深圳、南京等文化产业发达地区相比，有较大差距。青岛应按照中央要求，积极采取措施，加大财政文化投入力度，提高文化体育与传媒支出（不含基本建设支出）在财政支出中的比重，保证文化体育与传媒支出的增长幅度明显高于财政经常性收入增长幅度。大力支持公共文化服务体系建设、文化产品创作生产、文化遗产保护和文化"走出去"。

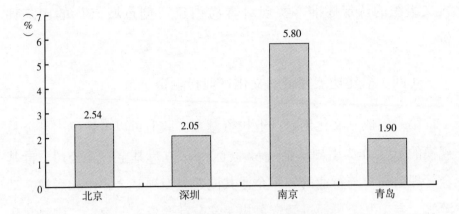

图7　2012年部分城市文化体育与传媒类支出
占地方财政总支出的比例

（六）推出文化招商组合扶持政策

进一步加大文化创意产业扶持力度，构建一流文化创意产业发展环境平台。用活、用足现有的文化产业专项扶持资金，防止资金闲置，并随文化创意产业发展情况逐步递增扶持资金额度。可借鉴西安曲江新区的成功经验，适时推出"文化扶持资金＋贷款担保＋风险投资＋财税补贴＋房屋补贴"的扶持政策，大幅度提高文化企业入驻青岛的吸引力，促进区域文化企业的快速聚集和全文化产业链的发展。

（七）规划建设文化保税区

依托青岛的空港优势，结合青岛前湾保税港区，筹建山东半岛蓝色经济区首个文化保税区和保税中心，为青岛市乃至山东半岛地区提供国际文化产品的交流、展示平台。文化保税中心是国家海关设置的或经海关批准注册的存储商品时间较长的区域，具有文化产品或艺术品的进出口加工、国际贸易、保税仓储、商品展示等功能。文化保税区通过"境内关外"的运作方式,为入驻企业提供免证、免税、保税三大优惠政策,将大大降低文化艺术生产与文化艺术贸易活动的运营成本。文化保税区以文化公共保税仓库和保税展厅为主,同时涉及文化产品外包、原创艺术品出口等领域。该中心的建立将打造青岛对外文化贸易基地,推动文化产品的对外出口贸易,实现增强青岛文化影响力的战略目标。

区 市 篇

Regional Reports

B.2

市南区

——半岛文化创意产业核心区的文化创意特色楼宇经济探索

一 市南区 2012 年文化创意产业发展情况

（一）产业规模不断壮大

文化创意产业作为市南区新兴服务业之一，产业规模迅速壮大，产业品质不断提升。2012 年实现文化创意产业增加值 49.7 亿元（最新统计口径），同比增长 29.4%，占 GDP 的比重为 7%，容纳 33745 人就业。市南区文化企业先后获得"2012 年中国文化创意产业最受关注的十大园区"、"山东省文化产业示范基地"、青岛市著名商标等国家、省、市荣誉 70 多项，中联创意广场、劈柴院先后成功被创建为国家级 AAA 旅游景区，日均客流量达万余人，成为青岛市文化旅游体验新地标。

（二）产业聚集规模效应凸显

市南区以打造"山东半岛文化创意产业核心区"为目标，已建成青岛软件园、青岛国际动漫游戏产业园、创意 100 文化创意产业园、中联创意广场、1388 文化街等知名文化园区（街区）5 个，共聚集企业 600 余家，同比增长 18%，入驻率提升 2 个百分点。

2012 年，市南区加大政策扶持力度、优化整合区域资源，着力打造精品示范园区。创意 100 文化创意产业园 2012 年实现产值 2.3 亿元，同比增长 10.5%，园区总入驻率达 98.6%，其中文化创意类业态总数占入驻企业总数的 95%；新引进青岛蓝届文化传播有限公司、青岛互优品牌设计有限公司等优秀文化企业 12 家，同比增长 15%；"视觉设计""大木设计""蓝色光线""中创未来""瀛森规划"等企业已成为在青岛市乃至山东省文化创意领域拥有很高知名度的"特色企业""明星企业"，已发展成为一个集文化创意、商务、休闲、餐饮、旅游、展示交易等多元商业组合于一体的文化创意产业集聚区。中联创意广场全年实现产值约 8 亿元，企业共计 105 户，入驻率达 95% 以上，其中文化创意企业占 41%；园区引进大拇指儿童摄影、蓝海文化交流、鼎诚传媒、徐璟绘画工作室、青岛雅尚文化传媒有限公司等文化类企业，策划组织"时尚酒吧节""中联美食季"等丰富多彩的时尚休闲活动，成为以青岛市创意办公和时尚休闲生活为一体的新型商业综合体。1388 文化街年产值实现 1.2 亿元，同比增长 30%，企业共计 183 家；新引进青岛太经堂中医文化传播有限公司、青岛龙象天和文化传媒有限公司、艺都画廊、藏珍斋、新疆和田玉、玉德苑等企业 17 家，基

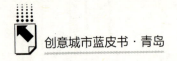

本形成了齐鲁文化创意产业园与书画名家创作园双翼齐飞的良好格局。青岛软件园入驻企业总数为214家,入驻率达96%,成为全国首批软件和信息服务业示范基地;青岛国际动漫游戏产业园入驻企业总数为121家,入驻率达99%。

二 文化创意产业发展瓶颈

市南区作为青岛市的文化、科技和金融中心,无论是区位、文化基础、人才资源,还是金融、经济、先发等方面都具有得天独厚的优势,文化创意产业在这片土壤上发展前景有目共睹。但是市南区可开发利用的土地资源日趋减少,对于文化创意产业重大项目的引进缺少必要的硬件支持;文化创意产业园区招商需求不高,低耗能、高产出的优质文化企业引进成为难题。

市南区发展文化创意产业在物理空间上受限的问题日益凸显,如何在现有条件的基础上提升产业发展的可能性成为必须要面对、解决的一个问题。

三 发展文化创意产业特色楼宇经济建议

(一)文化创意产业特色楼宇的概念

文化创意产业特色楼宇(以下简称"创意楼宇")并非新兴的概念,随着国内文化创意产业的发展,很多地方已经开始试行并出台相关的政策来扶持创意楼宇。

创意楼宇是指在某区域范围内以发展文化创意产业为主导,集聚了一定数量的文化创意企业,具备一定的产业规模和自主创意研发能力，并具有上级主管部门或专门的运营管理机构，能够提供相应的基础设施保障和公共服务的楼宇。它不仅包括商务楼宇、商业楼宇、城市综合体、科研楼宇、科技孵化器楼宇，也包含用于出租或出售的工业标准厂房、保护建筑、农居 SOHO 等。而针对市南区的情况，建议发展前者，也就是商务楼宇、商业楼宇、城市综合体、科研楼宇、科技孵化器楼宇的范畴。

（二）发展创意楼宇的意义

在市南区，文化创意产业发展在物理发展空间受限的前提下，除了在产业结构上坚持引进和培育附加值高、空间占用少、产业张力强的科技文化融合型企业外，更需要利用现有的楼宇优势，进行文化创意产业的进一步跨越和升级，以保证对城市中心区宝贵空间资源的集约利用，激发创新创意活力，促进市南文化自身的有机更新。

（三）创意楼宇的限定条件

对于创意楼宇的认定不能盲目，要有比较科学合理的依据，且对于认定成功的创意楼宇，政府要根据相应的情况予以鼓励扶持，保证创意楼宇有序发展，并完善考核以及推出机制。

对于创意楼宇的限定条件建议如下：

1. 产业发展规划完备合理

创意楼宇产权归属明确，建设发展规划完备，合理产业布局，且符合市南区文化产业发展的总体规划。

2. 建筑面积达到一定规模

具备一定的建筑规模，原则上建筑面积不低于 1 万平方米，且用于发展文化创意产业的建筑面积占总建筑面积的比例大于 70%

（其他建筑面积可视为楼宇配套设施用房）。

3. 产业定位清晰明确

具备鲜明的文化创意产业导向及定位，具有良好发展前景，主导发展 1~2 项市南区文化创意产业重点行业，实现文化创意产业产值占楼宇总产值的 70% 以上。

4. 完善的配套服务

创意楼宇建有完善的基础设施和优良的发展环境，能为文化创意单位（企业、工作室等）开展创意研发、设计生产、流通交易、合作交流等提供保障与便利。建有功能完善的公共服务支撑体系（平台），能为入驻的文化创意单位（企业、工作室等）提供云办公体系、企业孵化、电子商务、关键共性技术研发、宣传推广、担保融资等公共配套服务。

除了发展创意楼宇经济的建议外，也建议积极推进市南区空间规划调整，有针对性地腾退一批低端产业、开发一批闲置物业，以增量方式缓解空间短缺，为文化创意产业发展提供更多的物理空间，保证产业合理、健康、快速的发展。

B.3
市北区

——文化创意产业新兴产业崭露头角，
打造国家级数字出版基地

一 2012 年市北区文化创意产业发展情况

（一）精耕细作，产业竞争力大幅提升

2012 年，市北区文化产业增加值为 42.4 亿元，占 GDP 的比重为 8%，年增长速度超过 16%。全区重点全年开工建设的文化大项目包括青岛建筑创意产业园、青岛工业设计产业园、海尔智能产业园、红锦坊艺术工坊、欢乐滨海城《青岛往事》拍摄基地和数字文化体验中心、现代纺织科技文化馆等，推进海云民俗文化街区业态升级改造。完成投资额 15.5 亿元，开工在建面积 23 万平方米，竣工 9 万平方米。市北区重点扶持创意、演艺、节庆、婚庆产业发展，文化街、2.5 产业园、科技街数码创意园、葡萄酒博物馆等文化创意产业集聚效应凸显，以电视节目研发、制作、播出为主体的青岛影视演播基地正式启用，完成电视剧《跑马场》的拍摄及首播式，文化街被评为国家文化产业示范基地，文化的凝聚引领作用、惠民服务水平、产业竞争实力明显提升。"青岛新春第一会"2012 年青岛（市北）萝卜会·元宵山会吸引全国各地 1000 余商家参加，接待游客 290 万人次，实现营业额 5600 万元。

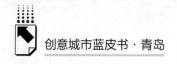

（二）招商引资，新兴业态崭露头角

2012 年，市北区加大文化创意产业招商引资工作，制定了《市北区文化产业招商引资扶持政策实施细则》，完成招商引资4000 余万元。

市北区还积极调整定位出版物和文化产权交易中心经营业态，开发建设的数字出版中心园区获评山东省（青岛）数字出版基地称号，成为山东省唯一的数字出版产业基地，为市北区以数字出版为代表的新媒体、新产业发展奠定了坚实的基础。

二 文化与科技深度融合，数字出版的洼地效应

数字出版产业作为市北区文化创意产业发展中的一支"新军"，正释放积极的产业链效应。

作为山东省内首个数字出版基地，数字出版基地将以现代数字技术为基础，以数字内容为核心，汇聚国内外优秀数字出版企业与相关延伸企业，形成综合型数字出版产业集聚地，大力开发拓展国内外数字出版市场，将青岛乃至全省的数字出版产业做强做大，实现跨越式发展。

（一）强强联合，数字出版推进文化与科技融合

数字出版产业是文化领域的新兴产业，融合了出版、网络通信、信息技术等多个方面，发展潜力巨大。山东省数字出版基地落户市北区，将有力推动青岛数字出版产业发展，对文化产业的发展将产生积极深远的影响。

青岛出版集团与海尔集团就双方业已达成的互联网终端战略合

作正式签约，发力数字出版业务。双方将发挥数字化转型早、科研力量强的优势，在技术研发、业务应用和市场推广上进行战略合作。青岛出版集团扮演内容提供商的角色，利用自身拥有的版权或获取合法版权内容资源，向海尔集团用户提供电子图书阅读、在线网络视频以及图片点播等业务，实现双方共同受益。推进从传统出版业向现代新媒体产业的转型升级。

（二）整合资源，数字出版产业链集聚效应凸显

青岛是山东省经济发展龙头，在经济、文化和科技方面有很好的基础，在人才、经营、管理、服务和对外交流等方面有较强的优势。青岛数字出版基地的建设在全省有示范作用，对山东省探索数字出版业发展模式和积累数字出版基地建设经验都有重要意义。

山东省（青岛）数字出版基地位于市北区中央商务区，基地以数字内容产业为核心，将被打造成为集研发、原创、生产、培训、交易等功能为一体的国内一流综合性数字出版产业园区。基地建成后将入驻 120 家数字出版企业和创作集体，从业人员突破3000 名，年交易额超过 15 亿元，形成完整的数字出版文化产业链，并带动上下游产业链的资源整合，凸显集聚效应，填补青岛市"城市文化综合体"的空白，打造文化创意产业的新高地。

（三）环环相扣，产业联盟搭建无障碍交流平台

青岛市数字出版内容提供商、终端制造商、中介传播商齐备，数字出版内容、技术、运营一体化平台已搭建完成。青岛出版集团成立了数字动漫出版中心，利用现有书报刊内容资源、作者资源及市场影响力，将传统出版物数字化、碎片化并重新整合为各类数字新产品。青岛报业集团改造传统出版流程，与数字出版技术研发企业紧密合作，打造现代化的全复合出版模式。青岛移动、青岛联通、电信、新闻网等企业联手建成了辐射广泛的数字出版内容投送渠道。青岛海尔、海信等家电企业研发实力雄厚，积极研发三网融合电视、智能手机、阅读器、平板电脑等数字终端产品。

全国版权保护示范城市的成功创建也为市北区数字出版业发展营造了良好的发展环境。青岛市文广新局、出版集团、报业集团、海尔集团、海信集团等20余家单位共同组织成立了青岛数字出版产业联盟，搭建了无障碍的数字出版企业交流平台。

三　聚力发展，着力打造国家级数字出版基地

市北区数字出版产业市场前景巨大，可以在以下三个方面进一步加强。

（一）加强产业链两端的版权保护

数字出版相对于传统纸质媒介来说是朝阳产业，在组织好数字印刷和印刷数字化、印刷环保体系建设，发挥新兴业态的巨大发展潜力的同时，要加大版权创意产业的发展，加强对版权创意产业的扶持力度，从数字出版的创作、生产、流通、消费全过程下手，进一步加强版权体系建设的力度，为数字出版产业的发展提供保障。

（二）加强"一基地、两中心"发展格局

市北区东部3万余平方米的出版物交易中心、版权交易中心与山东省（青岛）数字出版基地的发展相辅相成，设立图书、期刊、电子出版物、音像制品、字画、邮票、文化传媒、数字传媒等各类出版物的专业批发与零售，项目的建设将为数字出版产业的发展提

供有效支撑。政府部门应进一步加强引导，形成"一基地（数字出版基地）、两中心（产权交易中心、出版物交易中心）"的产业格局，实现数字出版、版权交易、出版物交易三位一体综合发展的文化创意产业发展综合体。

（三）打造国家级数字出版基地

自第一家国家级数字出版基地——上海张江国家数字出版基地成立，截至2012年，杭州、重庆、湖南、天津、湖北、广东、陕西、江苏等地的数字出版产业基地先后获批建立，国家级数字出版产业基地达到9家。市北区应积聚力量，打造国家级数字出版基地，并引领华东、华北地区数字产业的发展再升级。

B.4

崂山区

——道家文化旅游与演艺娱乐业的"强强联合"

一 崂山区 2012 年文化创意产业发展情况

2012 年，崂山区以建设"文化崂山"为契机，将发展文化创意产业作为"转方式、调结构"的重要着力点，坚持政府主导、民资推进，内强扶持、外抓引进，以文化产业专项扶持资金为杠杆，重点培育发展了文化旅游、节庆会展、演艺娱乐、传媒出版等特色产业，构建起多元发展、多层并行、多级支撑的产业结构。

（一）项目推进，产业发展有条不紊

2012 年，崂山区积极推动文化产业大项目引进，总投资 15 亿元的青岛大学国际体育文化交流中心框架协议即将签订；总投资 5 亿余元的崂山艺术小镇已完成主体建设；雨林谷崂山道教文化园、青岛国信文化体育产业公司、青岛国际音乐文化基金等项目持续推进；重点建设的青岛金石文化产业园签约入驻 18 家文化企业，其中注册资金超千万企业达 10 家。

（二）优势升级，文化旅游迈出新步伐

2012 年，崂山区实施了景区南线线缆下地、太清文化广场改造、北九水栈道建设等工程，提升了景区设施配套水平；成立了崂

山风景旅游发展公司，对巨峰等 3 条索道实行了市场化经营；推进了国际钢琴博物馆、周仕超美术馆等旅游文化项目，新添鲁商凯悦大酒店、大拇指商业广场、园村度假酒店、沙港湾等旅游配套项目；克服了场地调整因素影响，策划推出了青岛啤酒激情广场活动，成功举办了一届"高水平、有特色、国际化"的啤酒节。2012 年崂山区实现旅游总收入 56.8 亿元，增长 30%。

（三）推陈出新，新媒体产业蓄势待发

由中国对外翻译出版有限公司投资设立的青岛中译出版有限公司投入运营，将承接 2014 年青岛世园会语言服务；青岛出版集团的"桥 + 云"数字融合出版系统和"出版物国际数字传播平台"项目已入选国家新闻出版改革发展项目库；总投资 8 亿元的现代传媒文化广场签订合作意向书。

二 崂山区演艺娱乐产业"风生水起"

演艺娱乐产业是文化创意产业中最具有潜力的部分，崂山区按照"政府主导、市场运作"的发展思路，积极探索、完善演艺娱乐产业发展的新模式，多渠道、多形式、多方法吸引融入社会资本，推动演艺娱乐企业发展壮大，提升演艺娱乐产业竞争力，使演艺娱乐产业成为崂山区文化创意产业的亮点行业、崂山旅游休闲的重要内容和扩大区域影响力的重要手段，开创了政府、企业、社会多赢的局面。

（一）高端演艺娱乐设施集聚

崂山区围绕建设青岛高新技术产业核心区、国家旅游度假区、现代服务业聚集区及打造资本活力之城、科技创新之城、生活品质之城的功能定位，加大高端文化演艺娱乐项目引进，崂山中心城区已建成青岛大剧院、国信体育中心、青岛博物馆、青岛国际啤酒城、海滨艺术中心、雕塑园、国际会展中心、中国海洋大学体育馆、青岛大学体育馆及音乐厅等 10 余处大型文体设施，其中青岛大剧院、国信体育中心等一批文体设施总投资超过 10 亿元，能够承接高雅艺术盛事和大型商业演出的现代文体项目落户，直接为崂山区发展演艺娱乐产业赢得了得天独厚的资源优势，也加速了全市大型文体活动举办地"东移"趋势。

据统计，青岛大剧院、国信体育馆等每年共举办各类商业演出 200 余场，吸引观众 30 余万人次。全市 80% 以上的大型演出在崂山区举办，高雅、精致、唯美的艺术魅力使崂山区的文化演出品牌更加深入人心。各类高水平演出、赛事四季不断，使崂山区逐渐成为青岛高雅艺术演出的中心，演艺娱乐产业逐步成为崂山区文化创意产业的亮点行业，在青岛市演艺娱乐消费市场上的比重层级逐步递进，龙头地位逐步凸显。

（二）市场化运作引入会展节庆，拓展产业链条

产业的发展离不开市场化的运作，在文化旅游、节庆会展活动活跃的崂山区，不断规范市场化运营成为演艺娱乐产业迅速发展的重要因素。针对崂山区节庆活动繁多的特点，崂山区积极探索政府主导、市场运作的经营模式，首先将市场化运作模式引入各类大型节庆活动，崂山旅游文化节、中国崂山论道、崂山图书文化节等系列活动的开幕式晚会均植入冠名、门票广告等，筹集充足的社会资金，节省大量政府投入，同时调动了社会各界的积极性。2012 年青岛国际啤酒节期间，引进天津凯倪文化、济南长

城演艺等团体举办各类小型商业演出 500 余场，满足了海内外游客的多元化需求。

同时，依托崂山区基础设施完善、商务活动活跃、市民消费层次提升等优势，积极引导民营资本投资更加贴近大众需求的休闲娱乐产业，英皇娱乐、大园宫等一批量贩式娱乐场所逐步形成了以都市白领、驻青游客等为主的稳定消费群。除此之外，崂山区还积极整合艺术培训资源，引导艺术培训业向正规化、集约化发展。全区共有海韵培训学校、小白帆艺术团等各类艺术培训机构 14 家，年培训学生近万人次，艺术培训业的社会影响力和综合效益显著提高。

（三）政府扶持，民营演艺公司活跃

民营演艺公司的市场主体作用不可忽视，崂山区每年设立 500 万元文化产业专项资金用于激励民营演艺公司的发展，培育发展了保利剧院、时空影视、启唐文化、礼仪天下等一批本土化演艺公司，积极引导国内外知名演艺公司举办各类演出活动，众多业界知名演艺明星纷纷来崂山登台献艺。其承接演出的协调、服务能力日渐成熟，营销策略和销售模式更加灵活多变，成为活跃演艺市场的主力军。

2012 年，海州演艺、海韵文化等知名演艺企业入驻青岛金石文化产业园，为崂山区发展演艺娱乐产业集聚了更多的业内优势资源，对打造最具发展活力与影响力的青岛演艺娱乐产业中心具有重要的推动作用。

崂山区将通过鼓励演艺公司积极引进举办各类商业演出活动，建设音乐产业园，吸引演出设备研发与生产、艺术教育与培训、剧目创作与营销、演出衍生产品的开发等相关行业的入驻发展，延伸

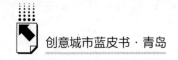
产业链，将崂山区打造成为最具影响力与发展活力的青岛演艺娱乐产业中心。

三　深挖道教文化，演艺最美崂山韵

崂山文化资源底蕴深厚，以几千年的道教文化尤为突出，素有"海上名山、道教圣地"之称。崂山区应深挖道教文化旅游的特色，借助地方演艺娱乐产业优势，融合道教养生、太清宫道乐、道教武术等突出元素，推陈出新，打造以道家文化为主题的系列演出、情景剧，开阔思路发展道家文化产业的同时，提升崂山演艺娱乐产业的品质与韵味。

（一）打造"崂山韵·道乐盛典"大型实景演出

道教音乐是中华道文化的重要组成部分，崂山高雅、庄严、神秘的道教音乐历经了 1500 多年的历史变迁，是上古民歌与宫廷韵曲的绝妙结合，是极为珍贵的音乐瑰宝，在我国各道教圣地中独树一帜。2007 年崂山道教音乐被批准为国家非物质文化遗产。

崂山区应深挖道乐历史底蕴，在崂山太清道乐团基础上，借鉴《禅宗山林音乐盛典》实景演出的经验，融合现有的"仙境奇葩 - 崂山道乐"和"编钟乐舞 - 东海仙韵"系列节目，在青山村推出"崂山韵·道乐盛典"实景演出，凝聚人气，延伸文化旅游深度，打造具有崂山特色的文化品牌。

（二）打造梦幻情景剧《崂山道士》

《崂山道士》取材于《聊斋志异》中的一则故事，1981 年由上海美术电影制片厂制作成木偶片，由青岛农业大学与青岛数码动漫研究院申报的3D立体动画电影大片《崂山道士》成为山东省唯一入选"2011国家动漫精品工程"的作品，可见其独特的市场潜力。崂山区应依托自身演艺优势将此故事改编成剧场项目，取经青岛方特梦幻王国现有舞台剧《崂山道士》的声光电技术，加入穿墙术、五雷掌法、勾魂法等现代技术展现的奇幻崂山派法术，将《崂山道士》打造成为一场梦幻大剧，形成崂山道家文化旅游典型的消费题材。

（三）营造崂山道茶的独特表演形式

"仙山圣水崂山茶"，崂山是道家名山，自古以来在崂山修行的道人以茶养神、以茶修行且又以道论茶，形成了独特的道家茶文化。崂山茶道受历史上崂山道家茶文化的影响，崂山茶道熏染附会上了道家风骨；又因为崂山特有的地理人文风俗及茶种变迁等因素影响，崂山茶道有了独特的韵味。融合崂山道教文化与茶文化的浓厚底蕴，打造崂山道茶表演团体，将崂山茶文化、道乐以及道家养生素食文化有机结合起来，营造崂山独特的表演形式。

B.5

城阳区

——国家广告产业园，成就中国文化创意的"飓风中心"

一　城阳区 2012 年文化创意产业发展情况

2012 年，城阳区实施项目带动战略，重点培育数字内容、广告创意、动漫等新兴优势文化产业集群，全力打造"创意之都、动漫之城"，文化创意产业发展迈上新台阶。

（一）强化规划和政策引导，重点项目稳步推进

2012 年，城阳区积极探索文化产业发展思路，研究拟定了《关于促进城阳文化产业发展的扶持政策》，对城阳区今后三到五年的文化创意产业发展进行合理规划布局。"千万平米"文化创意园工程项目进展顺利，2012 年，开工建设青岛华强文化科技产业基地（二期）、中视动画城、青岛国家广告产业园、天安数码青岛盛文饰品创意设计中心等项目，完成投资 7 亿元，完成建筑面积 8 万平方米。其中，投资 48 亿元的青岛国家广告产业园，获国家级项目扶持资金 3000 万元，区政府成立项目管理委员会加强建设运营和招商工作。

（二）深挖历史文化资源，提升文化旅游内涵

2012 年，城阳区举行"旅游文化节"、"青岛山色峪樱桃山

会"、"惜福生态游"、"青岛国际饰品节"和"宫家村葡萄节"等特色旅游文化节会，实现了文化发展与经济发展的融合互动；深入挖掘国学文化、王邦直文化、女姑文化内涵，规划建设青岛国学公园、胡峄阳文化产业园，成立了王邦直文化研究院，积极提升当地的旅游文化内涵。

二 青岛国家广告产业园，世界的创意港

创意 G20·青岛国家广告产业园位于城阳总部集聚区，是青岛"千万平米"工程的重要组成部分，园区总建筑面积约为 53 万平方米，总投资达 48 亿元，是全国首批九个国家级广告产业园区之一。园区于在 2012 年 12 月 10 日开工建设，建设周期为三年；预计可吸纳高端人才 1 万人，年实现税收收入 1 亿元。

（一）恰逢其时，前景巨大

青岛拥有 4000 余家广告公司，在发展影视广告产业方面具有一定的基础，但是一些广告公司规模较小、业务质量不高，一些广告企业则因缺乏核心创意能力而濒临退市危机，导致影视广告产业出现良莠不齐的发展局面。而且青岛尚未建成规模较大、实力较强的影视广告产业基地，影视广告产业集聚效应不足。目前，北京、上海和广州已经形成了国内广告业三足鼎立的局面，然而青岛多数广告企业却不能迅速转型，无法顺利进入符合现代市场需求的数字媒体业，一方面因为数字媒体的设备壁垒太强，另一方面则由于企业自身欠缺对新市场的洞察力、自变力。

青岛国家广告产业园的出现，重新定义了青岛广告业发展的新方向和新思路。从业人员需求量达万名的园区将为更多的创意人

才、广告媒体、广告主（联盟）提供资源交易平台，积聚更多的广告创意人在市场中实现梦想。

（二）秉承世界眼光，打造第三代创意产业园区

青岛国家广告产业园作为城阳区总部经济五大项目的重要一极，秉承了世界眼光和国际标准的主导思想，根据"国家广告园，世界创意港"理念打造成的国际一流产业园区。项目聘请了享誉国际的荷兰最大设计公司 KCAP 担纲规划设计，借鉴纽约苏活区、巴塞罗那22开放式园区理念，重置当地商业结构，将广告产业链各业态完美融合，将项目建设成为全开放式 BLOCK 商务街区，增进各业态和全产业链的交流融合，同时也为初创企业与大型企业之间提供了良好的交流平台，实现共荣发展，树立第三代创意产业园区新形象。

青岛国家广告产业园具有文化多元性、业态综合性与空间创意性的特点，颠覆了传统创意集群模式。以数字化新媒体广告产业为核心，整合行业资源，着力建设集影视广告制作、数字媒体广告、动画游戏广告、文化娱乐广告、广告培训实践等于一体的数字化广告产业园区，引领中国第三代创意产业集群之变。

（三）创新创意产业组织形式，推动产业转型升级

青岛国家广告产业园改变传统的单一企业或上下游企业结构形成的创意产业园，允许人们同时生活和工作，允许各个产业相互影响，促进新型生意模式的产生，重新"制造"创意产业组织形式，引领中国第三代创意产业集群。

作为一个完善的功能体，青岛国家广告产业园内部空间规划设计能够有效承载创意活动和产业发展，为创意人员提供有利于创意

产生的氛围。同时，作为城市主体性创意平台，青岛国家广告产业园正式运营后，将吸引大量高层次人才，不但能提高周边投资预期和质量、更新区域产业布局和功能定位，更可在青岛已有的创意关联产业群基础之上，连接城市，做大青岛广告产业，强化其作为区域创意中心的形象，推动整个青岛市文化创意产业的升级。

（四）先运营后招商

青岛国家广告产业园跟一般的园区不同，园区将采用"先运营后招商"策略，废弃了仅仅以租售房屋为目的的招商入园手段，打破了传统物业招商的运营模式，代之以市场开发为主导，以客户业务链为中心的新型招商服务模式，推出一揽子合作项目，其中包括数字影视摄制、国际商品展销、绿色创意设计制作三大类，有微电影拍摄与培训、视频节目摄制、钢铁艺术设计制作、国际商品直销展等约60个单项。

（五）五大平台"全方位、一站式、全过程"服务

青岛国家广告产业园作为领先中国的第三代数字创意产业平台，以领先全球的规划设计，成为中国文化创意产业的"飓风中心"。青岛国家广告产业园坚持以创意服务，服务创意企业。青岛国家广告产业园，以政府行政服务平台、数字技术创意展示平台、数字技术公共服务平台、广告产业市场服务平台、广告人才培训创业平台五大专业创意服务平台，为入驻企业和投资者，提供全方位、一站式、全过程服务。

不久的将来，这里将成为集影视广告制作、数字媒体广告、动画游戏广告、文化娱乐广告、广告培训实践等于一体的第三代数字化广告产业集群。

三 释放国字号示范效能，打造广告业"航母"

青岛文化创意产业正获得迅速发展，前景一片光明。作为创意经济中的重要产业，广告产业是推动文化创意产业发展的有效途径。青岛广告文化产业园将汇集青岛市乃至全国的广告精英及优秀公司，成为青岛广告业的"航母"，发挥广告产业园区的集聚效应，实现广告业的飞跃。同时，城阳区也应打造出自己的特色品牌，形成全区域的联动效应。

（一）多元投入，打响"创意G20"品牌

青岛国家广告产业园应采取"政府主导、多元投入、公司经营、市场运作"运行轨道。在政府主导的前提下，引入优势资本，建立精英运营团队，精诚合作、互利共赢，努力把青岛国家广告产业园建设成为全国最好的广告产业示范园区，全面打响"创意G20"品牌。

（二）形成九大国家广告产业园发展的联动效应

国家工商总局认定的首批9个国家广告产业园区，除青岛国家广告产业园外，还有北京广告产业园区、上海广告产业园区、南京广告产业园区、常州广告产业园区、潍坊广告产业园区、长沙广告产业园区、广东广告产业园区以及陕西广告产业园区。九大国家广告产业园应成立联盟机制，加强相互之间的沟通联系，资源互补，协同发展，形成积极的联动效应，做大做强自身的同时，积极地"走出去"，拓展国外市场。

四方区

—— "一区多园"发展模式，老工业区的文化创意产业新生

一 四方区 2012 年文化创意产业发展情况

2012 年，四方区以打造"中央文化区"为引领，以实现文化与经济融合发展作为战略支撑点，以壮大文化产业作为关键突破口，在资源组合、平台建设、产业布局等方面不断探索新的实践路径，使文化创意产业成为区域经济增长的支柱产业，推动老工业区焕发出新的活力。

（一）依托民俗和工业文化，推进产业转型升级

2012 年为四方区文化创意产业发展年，全区实施文化创意产业项目带动，推进青岛数字文化体验中心、山东影视文化产业园、冰雪艺术馆等重点文化产业项目，搭建招商载体。整合利用民俗文化、工业遗存等优势资源，打造城市记忆 - 四方啤酒文化街、青岛工业设计园等特色街区和产业园区，大力发展民俗文化产业、创意产业、文化旅游业，形成区域经济新的增长点。四方区起草了《四方区文化产业发展调研报告》，确立了"一区多园"的文化创意产业发展模式。

（二）项目集聚，打造设计创意产业集聚区

2012 年四方区开工建设青岛建筑创意产业园、青岛工业设计

产业园、海尔智能产业园、红锦坊艺术工坊、欢乐滨海城《青岛往事》拍摄基地和数字文化体验中心、现代纺织科技文化馆等项目，推进海云民俗文化街区业态升级改造；完成投资额 15.5 亿元，开工在建面积 23 万平方米，竣工 9 万平方米。此外，2012 年四方区规划建设建筑创意产业园和工业设计产业园，建筑创意产业园规划面积 2700 亩，工业设计产业园规划面积 160 亩。

二 老工业区老厂房、老院所的文化创意产业崛起

四方区深度挖掘老城区丰富的老厂房和老院所资源，积极拓展文化创意产业发展空间，有力地推动了四方区文化创意产业发展。

（一）老厂房里培育新业态，构筑文化旅游产业高地

基于老工业区、老企业的搬迁，四方区对搬迁腾出的土地、厂房等资源进行整体规划，引入新文化项目和产业，以文化创意产业助力老工业区的二次发展。

1. 全覆盖普查筛选，加大保护力度

组织开展工业遗产和非物质文化遗产普查工作，筛选出四方机车厂、青岛葡萄酒厂、大康纱厂旧址、内外棉纱厂旧址等一批重要的工业遗产旧址，建立工业遗产资源库；成立区级保护网络，将纺织工业遗产纳入第一批未核定文物保护单位和第二批区级非物质文化遗产保护名录；把大康纱厂旧址、上海纱厂高级职员宿舍旧址列入全市拟新增历史文化名城保护要素范围。

2. 高起点编制规划，明确发展方向

学习借鉴德国鲁尔、沈阳铁西等国内外工业遗产再利用经验，制定实施《青岛市四方区工业遗产规划》，设计规划"工业文化之

路"旅游线路，初步确立工业旅游、葡萄酒博物馆、红锦坊艺术工坊、纺织遗址公园、"16栋"樱花院等项目，推动工业遗产旅游开发，建设创新型、时尚型、艺术型、文化型、休闲型、生态型工业遗产旅游目的地。

3. 全方位对外推介，科学开发利用

积极组团参加文博会、编发招商项目手册、定向招商推介会，宣传推介工业遗产资源。举办"青岛记忆"工业遗存摄影体验活动，推进青岛摄影基地建设；依托国棉一厂老厂房，投资1.34亿元规划建设红锦坊艺术工坊，构建青岛纺织文化历史展现景区及艺术家交流的集散地；依托四方机厂百年老厂房引入山东影视集团，高水平规划建设山东影视文化产业园，打造现代影视文化基地，推动娱乐文化市场升级换代。目前，山东影视集团已投资成立注册资本为1亿元的山东联盛影视产业有限公司，青岛市影视剧发展促进会也落户四方区。

（二）"老院所"里汇聚新智慧，打造文化创意产业园区

立足四方区科研院所集中人才集聚优势，先后规划建设建筑创意产业园、工业设计产业园等现代产业园区。

借鉴上海杨浦区打造同济大学国家大学科技园模式，依托青岛理工大学学科优势，着力打造青岛建筑创意产业园，实施大学校区、科技园区、公共社区三区融合发展，吸引创意设计机构和人才入驻，打造集城市规划、建筑设计、艺术创意、地理信息为一体的创意设计产业集聚区。目前，中景设计创意中心等项目建成投入使用，青岛勘察测绘院等数十家规划设计类企业已经入驻，青岛建筑创意广场等项目也将陆续进驻。到2015年青岛建筑创意产业园计划引进文化创意产业类企业100多家，建设嘉年华青少年训练体验中心等8大重点文化创意产业项目，可实现年营业额约20亿元、税收收入1亿元。

依托四方机厂研发优势，以构建在青岛乃至全国具有较高知名度和影响力的工业设计产业集聚区为目标，打造青岛工业设计产业园区，提高工业设计企业准入门槛，吸引中国针织童装研发基地、国家外观设计数据库等50余家著名工业设计机构入驻。现有东西两个孵化区，西孵化区建筑面积为5000平方米，已入驻30余家企业；东孵化区占地面积为4200平方米，建筑面积为1.2万平方米，已入驻20余家企业。

三　老工业区如何借助文化创意产业新生

作为青岛市老工业区，如何合理化利用旧厂房推动四方区文化创意产业发展成为重头戏。在旧厂房改造上另辟蹊径、建立完善孵化器机制、合理搭配盘活资源方面的建议如下。

（一）定制化办公室，打造"园林式办公空间"

旧厂房的改造不能千篇一律，应具有时尚、现代、诗意、个性等特质，将现代感与建筑原有的工业线条完美融合，形成一个具有记忆和灵魂的艺术化空间，并且根据创意、设计、科技等不同业态对办公条件的不同要求，采取定制化办公室的改造计划，并引入充满现代气息的新建筑群。与此同时，考虑到文化创意产业园区的生产方式是绿色的特点，在改造新建的过程中要将绿色、环保、宜居的概念植入进去，将新的办公生活和绿色融为一体，真正实现规划园区的绿色化，打造"园林式办公空间"，达到在传承和发扬历史文化的同时，延续开发旅游景观深度和高品质生活。

（二）多方联动，成立四方区创意园区孵化器产业联盟

文化创意产业园区与孵化器的建立相辅相成，政府予以更多的关注与支持，但是孵化器上的企业之间以及各园区孵化器之间联系不紧密，且资源调配不合理，建议成立孵化器产业联盟。

孵化器产业联盟成立的意义在于把企业、孵化器集中起来，搭配整合政府、研究院所、中介机构、投资机构和各科技企业孵化器的优势资源；构建技术支持、人才交流、产权交易、投融资服务、专业培训等创新创业服务平台；组织论坛、沙龙、培训、考察等活动，实现各会员单位之间、孵化企业与会员单位之间等的联系、交流与合作；建立共享机制，完善孵化体系，探索新的发展模式，促进企业成长，提升孵化能力，创造孵化品牌，推动中小企业创新创业。在有效推动产业持续健康发展的同时，集聚四方区的文化创意产业氛围以及人气。

（三）可政府控股，但需引入专业化运营团队

政府拥有许多旧厂房的闲置资源，自我开发的投入与精力都难以为继，建议采取政府控股、引入文化创意产业园区专业化团队运作的模式盘活资源，建立一套专业的发展机制和体系，政府应予以引导、实施政策配套以及监督，团队负责园区的日常的招商运营。同时，引入行业智力团队对园区发展进行跟踪，提供规划咨询服务。在保证政府控股的基础上，将剩余股份拆分给运营团队和智力团队，共赢共荣。

B.7

LUE BOOK

李沧区

——聚力前瞻，3D 打印技术引领科技印刷产业强势升级

一 李沧区 2012 年文化创意产业发展情况

李沧区以"2014 青岛世园会"为重要发展机遇，按照"一极两翼多组团"框架，加快文化创意产业发展步伐，优化文化服务，提高文化创意产业对李沧经济发展的贡献度，为建设活力、宜居、幸福的现代化新李沧提供精神动力和文化条件。

（一）文化创意产业结构进一步优化

2012 年，李沧区结合民俗文化的厚重实际，以"文化旅游"和"创意设计"为翼，重点规划文化休闲娱乐产业。依托"2014 青岛世园会"和老工业区资源，李沧区规划对老厂房及绿色生态进行保护和改造，打造特色商业、文化创意、餐饮和文化设施，建设集历史人文与绿色生态为主的文化创意产业聚集区，文化创意产业结构进一步优化。传统的音像、娱乐、演出、电影、美术、图书、游艺、网络服务、出版印刷等业态规模不断扩大，文化旅游、广告会展、创意设计、民俗工艺品、数字内容等新兴领域逐步涌现。

（二）合理规划发展，重点产业园区建设稳步推进

2012 年，李沧区根据当前文化创意产业发展情况，起草制定

了专项发展规划。借助老企业搬迁，加快"退二优三"步伐，并加快推进 300 万平方米重点产业园区项目建设。其中青岛红星科技印刷与文化创意产业园、青岛国棉 6 虚拟现实产业园、中艺 1688 文化创意产业园、世园会园艺文化中心项目、天都茶文化城五大园区建设正在稳步推进，2012 年完成投资额 2 亿元，开工在建面积为 17.1 万平方米，竣工面积为 2.4 万平方米。

二 李沧区出版印刷产业的文化科技融合探索

李沧区文化创意产业虽取得了众多的发展成就，但是由于底子薄，现在仍存在产业发展观念滞后、产业管理有待加强、产业结构不尽合理、产业总量仍然偏小、产业发展环境欠缺、文化与科技结合不够、公共服务平台建设相对滞后、领军人才短缺等问题。

（一）聚焦印刷产业，填补半岛印刷产业基地空白

青岛乃至山东全省的印刷业存在较大的产能，但也存在着制约行业长远发展的因素。随着文化与科技融合的日趋紧密，印刷业迎来新一轮的创新发展趋势。青岛印刷业要在市场竞争中占据优势，建设印刷行业产业集聚区，实现集约化经营是一种快捷的产业升级方式，具有极强的社会效益和经济效益。

李沧区面对市场机遇，借助企业旧厂房的资源，由青岛红星化工厂和李沧区经济开发投资公司共同出资成立青岛红星文化产业有限公司，建设都市型印刷科技创意产业园，园区通过引进技术创新型企业、专业配套型企业和关联优势企业，培育与市场需求相适应的以"专、精、特、新"为特点的印刷产业基地，有效填补半岛

甚至省内行业空白，力争把园区打造成为面向全国乃至东亚市场的山东半岛包装印刷基地和龙头园区。

（二）打造半岛文化创意产业中央商务区

红星印刷科技与文化创意产业园为原红星化工厂厂址，是一个由高污染的化工企业转型而来的印刷科技创意产业园区，总投资6.2亿元，建筑面积为16万平方米。园区将通过产业集聚，形成较为完善的印刷产业链，并进行创新性的优化提升。园区分为创意研发产业区、绿色印刷产业区、数字出版产业区、仓储物流产业区、商务服务区等6大功能区。其中，印刷生产及印后配套功能区将主要引入高附加值、技术含量高的各种品牌印刷企业10～12家，包括出版印刷企业、商业印刷企业、包装印刷企业、高科技数码印刷企业以及印刷设备维护企业和印后企业，提供各种印刷、后期加工装订、设备维修等业务。园区将被打造成为面向山东半岛的印刷产业公共服务中心、包装平面设计中心、印刷材料物流基地、专业人才培训基地、网络交易平台，进而建设成为定向产业服务的科技、文化创意和现代服务业综合示范园区。园区预计吸收4000多人就业，年产值达6亿元以上，成为山东半岛文化创意产业中央商务区。

目前，占地面积1万平方米的创意研发功能区，水、电等配套设施、房屋改造工程已经完毕，正在与有意向的合作商就下一步的入驻问题进行深入探讨；绿色印刷产业区已有一家企业签约进驻，已经开始生产，现正与有意向的企业进行洽谈。下一步，将积极引进文化创意企业，对教育培训区进行规划，引进科研院所或教育培训机构，启动园区教育培训功能；根据实际情况对其他区域进行招商。

（三）完善产业链条，引导文化科技相融合

近年来，李沧区以红星印刷科技与文化创意产业园为先导，积极引进和建设了一批投资规模大、辐射带动强、科技含量高、市场前景好的出版印刷项目，引导老企业利用工业厂房、仓储用房等房产、土地资源，搭建完善的产业链条，大力培育发展李沧区的科技印刷产业发展，完善产业链条，引导文化科技融合发展，大大提高了产业集聚度和单位面积经济效益。

李沧区逐步探索出一条老工业企业寻求转型文化创意产业升级发展的新途径，随着文化科技融合的进一步升级，科技印刷产业必将成为李沧区文化创意产业的重要一环。

三　发展 3D 打印技术，引领李沧区科技印刷产业升级

2012 年青岛市成为首批国家级文化和科技融合示范基地，确立了"一区、两园、多点"发展战略，其中"多点"战略包括了李沧区的青岛市都市印刷科技创意产业园项目。李沧区应借力发展契机，加大对文化科技融合企业的扶持力度，重点推进 3D 打印技术发展，助力李沧区科技印刷产业转型升级。

3D 打印技术很早就已应用于工业制造领域，近年来 3D 打印在文化创意领域的应用迅速兴起。印刷行业作为文化创意领域的一支主力军，也在与 3D 打印技术的碰撞与融合中迸发出了无限生机，文物复制精品、3D 印刷版材、个性化人像等各式应用产品百花齐放。同时，印刷行业也对 3D 打印技术产生着反作用力，利用自己的行业优势引领着 3D 打印逐渐从工业制造向民

用领域过渡。3D打印技术正在淡化行业边界，成为所有行业关注的焦点。

（一）与企业、高校联动，构建3D打印第三极

美国中小学已经开设3D打印课程，而国内的3D打印教育还处于混沌阶段，李沧区应结合区内尤尼科技对3D打印技术探索的先导优势，与高校联合开设3D打印课程。同时组织科研团队赴美国等发达国家学习考察先进的3D打印技术，攻关3D打印技术难题，创新3D打印商业模式，建立李沧区科技发明新环境及个人创意新体系，打造3D打印全产业链。

（二）与数字印刷紧密结合，探索文物还原与复制

3D打印色彩还原是难题，而数字印刷更注重运用色彩管理技术对3D打印产品进行色彩校正，为解决这一难题提供了可能。因此，李沧区在发展3D打印技术时，应与数字印刷紧密结合，利用数字印刷技术以及常年来印刷业所积累的色彩管理经验，克服3D打印技术色彩缺陷。

同时，利用数字印刷的色彩管理技术将3D打印与数字印刷结合起来后可运用到文物还原、文物精品复制上，例如博物馆常常会用很多复杂的复制品来替代原始作品，以避免原始作品遭受环境或意外事件的伤害，同时复制品也能将艺术或文物的影响传递给更多的人。虽然这项技术还只处于起步阶段，但未来市场潜力巨大。

黄岛区

——影视动漫业强势崛起，中国"梦工厂"的成长日新月异

一 黄岛区 2012 年文化创意产业发展情况

（一）重大文化创意产业项目稳步推进

黄岛区坚持以政策扶持为引导，以发展规划为基础，以项目建设为推手，以打造品牌为突破，推动文化创意产业快速健康发展。黄岛区文化创意产业增加值占 GDP 的比重超过 5.2%，2012 年建成重点文化创意产业项目 6 个、在建项目 6 个、在谈项目 21 个。

黄岛区紧抓青岛市高端服务业十个重点工程之一的凤凰岛文化创意产业园区建设，2012 年全年完成投资 6.24 亿元，开工建设面积为 8.27 万平方米，并规划建设好以北京电影学院现代创意媒体学院等项目为支撑的影视演艺基地，以中国动漫集团（青岛）国际动漫园等项目为支撑的动漫创意基地，以中国传媒大学青岛传媒基地、青岛国际版权交易中心等项目为支撑的出版传媒基地，文化创意产业的规模化、集约化、专业化水平不断提高。

（二）推陈出新，文化品牌效应凸显

黄岛区着力打造"影视之城、创意新区"文化品牌，形成独特、鲜明的特色文化创意产业发展集聚效应。动画片《九天特训

营》在央视少儿频道实现首播；国有资本注资 3000 万元成立的凤凰影视传媒公司着手拍摄《青岛往事》等重点剧目，助推影视演艺产业发展；第十四届青岛凤凰岛文化旅游节荣获"中国十大品牌节庆"和第九届"中国会展之星"品牌节会奖；黄岛区成功举办首届青岛国际城市音乐节、第二届凤凰岛原创动漫大赛等重点节会活动。

2012 年，黄岛区还出台了《全区文化创意产业扶持资金实施细则》及相关配套政策，区内 2 家重点企业获得上级专项资金扶持。

二 打造中国"梦工厂"，影视动漫业优势日趋明显

（一）人才集聚

黄岛区位于青岛西海岸，气候宜人、海岸风光优美，有北京电影学院、中国传媒大学、上海戏剧学院等知名高校 8 所，在校大学生超过 10 万人，其中硕士和博士 1 万名，全区人才总量达到了 18.5 万人。

其中北京电影学院现代创意媒体学院是中国影视动漫和文化创意产业领域应用型本科人才培养基地、数字影视节目产学研制作基地和媒体从业人员继续教育基地；青岛拓谱学院作为全省首家实行订单培养人才的院校，先后与上海飞同、深圳华强等多家企业集团实施了订单动漫人才培养，已累计输送动漫人才 400 多人。此外山东科技大学、青岛理工大学等高校已经通过设置动漫专业来构建起由低到高的梯度专业人才储备。这些都为青岛开发区蓬勃发展的影视动漫业提供了强有力的人才支撑。

（二）影视动漫产业项目遍地开花

大量的影视动漫创意、服务外包产业项目相继在开发区落地开花，为开发区发展影视动漫业带来新的契机。其中，2012 年开工建设的就有青岛国家级版权交易中心、青岛海上嘉年华、北京乐视金传媒有限公司动漫及影视制作项目、中视联动漫产业基地等。完成投资额达 6 亿元，开工在建面积为 7 万平方米，已竣工面积为 3 万平方米。其中，青岛凤凰岛影视动漫创意城是国内首个 3D 动漫出口基地，以北京电影学院现代创意媒体学院为依托，项目包括高规格数字动漫实验室、后期制作中心、培训中心、动漫博物馆及相关配套设施等。建成后的影视动漫创意城可以实现年产影视动漫服务外包产量 3000 分钟、影视动漫原创产量 3000 分钟、制作 3D 立体电影 1~4 部，年营业收入将达到 4.57 亿元，出口产值约占年销售额的 70%，成为我国名副其实的影视动漫产品重要出口基地。规划建筑面积达 14.9 万平方米的青岛凤凰岛影视动漫创意城二期工程已开工建设，为开发区影视动漫业再添活力。

此外，全省首个国家级版权交易中心——青岛国际版权交易中心正式落户开发区，为开发区影视动漫业的持续健康发展提供了强有力的知识产权保障，直接带动影视、软件、动漫、3G 服务、文化传媒和网络游戏等相关产业的发展。

到 2016 年，开发区将建设完成建筑面积达 200 万平方米、总投资达 116.46 亿元的影视动漫产业集聚区，以文化创意产业为核心，集聚打造创意培训、展示、创作、交流、交易等形态，并吸引上下游配套产业，形成完整的文化创意产业链。这些大项目的落成将直接带动相关产业产值达 150 亿~200 亿元，成为开发区打造中国"梦工厂"的主力军。

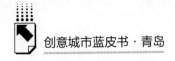
（三）行业顶尖技术设备的保障

2011年，以制作《阿凡达》而闻名于世，国际顶尖、国内首套3D影视动漫制作设备在北京电影学院现代创意媒体学院启封，设备价值高达2000多万美元。该3D影视动漫制作设备，其配置等级在中国同行业内属最高水准，在世界3D动画制作及3D电影后期制作行业中占据领先地位。设备共分为4部分：3D动画制作系统、3D电影后期制作系统、3D影院放映系统以及网络和系统集成设备，可为3D影视动漫作品的创意设计、影视拍摄、交易合作、产品制作、服务外包、信息发布和基地管理等提供网络环境、信息服务、信息发布和信息技术的支撑。

依托设备优势，借助北京电影学院的人才和市场资源，与国际著名的3D电影制作公司展开合作，发展3D影视动漫事业，并大力开展服务外包，打造服务外包与原创相结合的、专业化、高水平的3D动漫出口基地。同时，面向海外承接外包欧美3D影片制作服务，汲取创意思维和创作技巧，制作出具有民族特色的原创3D动漫产品，实现国产经典影片数字3D化。

三 影视动漫业发展的建议：立足高端3D，延伸微电影产业链

近几年，国内微电影成井喷式发展。生于恶搞、兴于广告的中国微电影已经形成了一条初具规模的产业链，开发区在立足3D高端的基础上，要紧抓市场需求，延伸微电影产业链。结合现有的资源优势，可在以下三个方面延展。

（一）专业化微电影培训

微电影鱼龙混杂、良莠不齐，专业化的微电影培训学校屈指可数，要依托开发区的教育资源优势开办微电影培训，让培养的人才参与到微电影的培训、制作、播出和衍生等各个环节中，依托微电影的庞大产业链盈利。

（二）微电影定制服务

微电影定制服务是指根据广告客户定制的微电影首先找到广告客户，根据客户的要求再进一步解构，进行创意，然后是制作、发行和推广，区别于电影剧本出来以后再寻求赞助的做法。

微电影定制服务具有广阔的市场前景，相比几千万元的电影投资和成百上千万元的视频广告制作费，微电影具有巨大的价格优势。此外，微电影的制作周期短，方便演员灵活安排拍摄档期，投放速度快，可以借助各种媒体实现病毒营销和互动传播。

（三）动漫微电影

动漫微电影，成本比真人微电影更低，在展现手法上更加多元化，国内之前就涌现出《打，打个大西瓜》《小胖妞》等非常优秀的动漫微电影。在商业化运作中的尝试还不是很多，但也是值得探索的领域。

B.9

BLUE BOOK

即墨市

── 文化创意产业发展模式多元化，时尚之都的铿锵脚步

一 即墨市 2012 年文化创意产业发展情况

2012 年，即墨市已形成包括新闻出版、包装印刷、网络文化、图书音像、休闲娱乐、文艺演出、群众文化等行业在内的综合型文化产业体系，文化产业发展模式更加多元。

（一）传统产业优势明显，民俗文化产业不断壮大

2012 年，即墨市共有印刷企业 427 家，复印打印店 45 家，歌舞娱乐场所 34 家，游艺娱乐场所 3 家，各类网吧 284 家，书店 85 家，电子出版物 4 家，音像店 55 家，电影放映单位 3 家，营业性演出单位 4 家，年产值逾 50 亿元，文化产业成为即墨市经济的重要组成部分和新的增长点。其中，印刷业是即墨的传统优势产业，仅辖属的段泊岚镇就拥有 38 家上规模的印刷、包装企业，在职职工 1400 多名，年创利税近 1200 万元，是远近闻名的"青岛市包装印刷之乡"。

即墨市民俗文化资源丰富，拥有国家级非遗保护项目 3 项，省级 4 项，青岛市级 13 项，另有即墨市级非遗保护项目 29 项。即墨市政府积极推动非遗的保护开发。其中，即墨老酒历久弥新，仅即墨黄酒厂、妙府老酒两大生产厂家的年销售额就已突破 2 亿元；即

墨发制品、即墨花边产品远销国外，年销售额达5亿元；即墨市七级镇大欧村"大欧鸟笼制作技艺"非遗项目实现了"一技富一村"，年产值为1200余万元。即墨市还整合社会力量，建成了占地4000平方米的青岛市民俗文化产业园，进一步促进民俗文化产业"规模化、高端化、特色化"发展。

（二）聚力突破，文化创意产业发展模式多元化

2012年，即墨市以打造新型产业为重点，着力发展影视和雕塑文化产业。引进建成"艺佳圣帝亚""宝龙星美"两所五星级影城，全市影城数量达3家，年票房收入达600万元；调研起草了《即墨市鼓励和扶持影视产业发展的意见》，为影视产业发展提供政策保障；积极拓展影视产业发展空间，其中在华龙三冠影视基地拍摄的大型电视剧《跑马场》登陆央视。

着力打造"雕塑艺术"之乡，将发展雕塑产业文化、扶持重点雕塑企业作为推进文化创意产业的主线，使雕塑艺术成为引领时代、展现创意的重要载体。成功举办"2012中国青岛国际雕塑艺术节"，展出国内外雕塑名家作品，加快推动雕塑艺术产业发展。为培育重点企业，组织青岛新空间雕塑艺术产业园和青岛华龙三冠影视基地两个项目参加第四届山东文化创意产业博览会的重点项目签约仪式，融资2亿余元，建设国家级的雕·塑艺术宝地和华龙三冠影视基地，大力提升新型文化产业发展水平。

二 搭建国际服装产业城，时尚之都的铿锵脚步

即墨作为"中国针织名城"、"中国针织行业超百亿元重点集群"以及"省纺织服装产业集群"，具备时尚产业品牌发展和腾飞

的产业基础。2012 中国（即墨）国际时装季在鳌山湾拉开帷幕，致力共同打造"千年商都、泉海即墨"的城市品牌，彰显即墨"中国针织名城"的品牌魅力，让即墨成为中国时尚的带动力量，建立时尚界的博鳌、未来的鳌山湾。

青岛国际服装产业城是青岛市的重点项目，是即墨又一个服装行业龙头。此项目的落户直接推动领军型产业集群，引领青岛服装产业运营升级、工业升级、链条升级、市场升级，助力即墨服装产业突破千亿元大关。

（一）定位清晰，区位优势明显

青岛国际服装产业城定位为国际时尚之都，整个厂区借鉴米兰的下店上厂街区式模式，一栋独门独院的小楼就是一家厂。青岛国际服装产业城位于即墨市天山一路和九江路交会处，投资 80 亿元，占地 2000 亩。紧邻青岛市城阳区，毗邻青银高速、青荣城际快铁出站口。这里是青岛通济新经济区的内核区域，未来的副城市中心，距离即墨服装批发市场只有 6 公里，距机场 10 公里，区位优势可谓得天独厚。

（二）产城一体，工商同步

青岛国际服装产业城全面按照街区式格局进行建设，厂房按照总部式设计，不仅具有生产功能，还有展示、办公、研发、形象等职能。青岛国际服装产业城除了街区式生产基地外，还设有配套商业区域、配套商务区域、配套生活区域等，建设有 MALL、星级酒店、专业会展场馆、文化博物馆、联排别墅式总部、现代商务写字楼等城市建筑，通过街区干道与城市无缝对接，成为城市的组成部分。青岛国际服装产业城按照"产城一体、工商同步"的格局，将企业的产、研、销、展、贸融为一体，与周边的商贸区、医疗文化区融为一体，可以作为企业研发总部、商业总部、品牌总部。

（三）稳扎稳打，十大平台全方位服务企业

产业城第一步是进行产业的聚集，第二步是在产业聚集的基础上通过市场运作培育产业、提升产业，促进产业的抱团发展。以发展产业做支撑，通过产业工人市民化、居住生活社区化将产业城产业工人转变为市民，达到稳定产业技术工人队伍、推进城镇化、繁荣一方经济的目的。产业城十大服务平台囊括服装及其上下游企业所需要的商会、金融、设计、技术、采购、物流、会展、活动、销售、信息等领域，将满足中小企业在产业城成长过程中的全方位需求。

三　构建东亚服装时尚"金三角"

随着世界经济热点区域的梯度演进，欧洲的伦敦、巴黎和米兰，美国的纽约，日韩的东京和首尔，相继成为时尚之都，成为世界服装时尚产业的中心。据世经会预测，中国经济总量将于2016年成为世界第一。中国经济的强势崛起，必将带来文化的强势崛起，带来对时尚文化的全面引领，中国必将诞生引领世界潮流的时尚之都。青岛市有条件和基础，所缺少的是契机和专业化运作，青岛国际服装产业城的建立恰逢其时。专业产业运营商在行业趋势判断、组织市场要素、集团采购、打通零售终端、与政府对接、融资等方面起到积极的作用。

（一）打造品牌，摆脱低端利润桎梏

在欧美服装强国，服装产业已成为一个时尚产业。在米兰，一

件衣服可以卖几万到几十万元，价格甚至高过一辆汽车，这就是品牌的魅力。一件衣服的成本再高，也不可能高过由上万个零件组成的汽车，所以青岛国际服装城在发展过程中要成立专业的时装设计机构，摆脱代工生产低利润的桎梏，整合优势力量打造国际品牌，引领中国服装时尚文化，叩开服装时尚产业大门，将即墨市打造成为中国的时尚之都。

（二）与日韩紧密对接，演变时尚产业中心

中日韩贸易区谈判的重启和世界发展格局，给青岛服装行业的再次崛起提供了机会。一旦中日韩自贸区启动，一个占全球 GDP 与实物贸易额约 1/5 的巨大贸易圈将呈现在全世界面前。青岛是中国对接日本、韩国的"桥头堡"，是东亚金三角的黄金一极。作为黄海经济时代的先驱，利用同首尔和东京对接的地缘优势，青岛将成为中日韩自由贸易区的最大受益者，将国际服装创意城打造成为日韩时尚产业进入中国的"桥头堡"和中国时尚产业的前沿阵地。以东京、首尔、青岛为支点的中日韩时尚产业金三角，将演变为世界时尚产业中心。

青岛国际服装城要借打造中日韩自由贸易区的契机，走米兰中小服装企业走过的成功路线，给自己来一场思想的革命，彻底转变思想观念。

B.10

胶南市

——油画产业的进一步转型升级

一　胶南市 2012 年文化创意产业发展情况

（一）美术产业集群效应凸显

依托胶南市丰富的文化旅游资源以及发达的文化创意产业基础，培植起了以达尼画家村、绿泽画院等为龙头，以油画、国画、剪纸等为主导产品，集创作、生产、制作、交易、培训、旅游为一体，具有浓郁地方特色的美术产业集群。一个以"中国江北第一画家村"达尼画家村为核心区和起步区的达尼文化产业园区粗具规模。园区包括 7 个行政村，总面积达 15.77 平方公里，已引进培植 9 家文化旅游企业及 10 家民营画廊，总资产达 2 亿多元，文化产业从业人员达 2000 多人，创出口外汇 1.2 亿元，形成了功能完备的文化创意产业发展链条。

在 2012 年"文化齐鲁创意山东品牌 100"评选活动中，张家楼镇被评为"山东省十佳文化特色乡镇"，这也是青岛地区唯一获此殊荣的乡镇。

（二）文化旅游渐成规模，大项目纷纷上马后劲十足

胶南地处青岛市灵山湾畔，拥有灿烂的琅琊文化，现有大

珠山、灵山岛、琅琊台、灵山湾、山子西村 5 个旅游景点，每年吸引了大批中外游客，文化休闲旅游业正逐渐成为胶南又一亮点。

2012 年，随着引资 50 亿元开发建设东夷文化产业园、占地 27.9 亩的 AAAAA 级琅琊文化旅游主题公园、占地 445 亩的金典红树林以及位于藏南镇的藏马山国际文化旅游度假区等大型文化旅游项目纷纷开工建设，将极大完善胶南市文化旅游景区的旅游服务功能，提升旅游品位和档次。

2012 年起，胶南市设立每年 1000 万元文化产业专项扶持资金，采取贴息、资助、补贴等方式支持文化产业龙头企业和重大项目建设发展。

二 "中国江北第一画家村"的产业优势

（一）画院入驻的蝴蝶效应

胶南市拥有代代相传的画年画的传统，早在 1989 年，胶南市就被文化部命名为"中国现代民间绘画画乡"。2003 年绿泽画院入驻大珠山脚下的大泥沟头村——这个三面环山、一面环海的小山村。经过 9 年的发展，完成了华丽转身，成为达尼画家村，村富民丰、画家云集，将胶南由来已久的"中国现代民间绘画画乡"的头衔加以扩充和延伸，把以美术为主导的区域特色文化做出了并不局限于文化创意产业的繁荣。目前达尼画家村已经成为"江北第一画家村"，先后荣获"全国文化（美术）产业示范基地""中国美术创作基地青岛基地""中国书法家（胶南）创作培训基地"等荣誉称号。

（二）从达尼画家村到达尼文化产业园区

达尼画家村已经开辟了一条"文化开路+旅游搭桥+促进三产"的强村富民新路子，2011年，达尼画家村实现可支配收入79万元，农民人均纯收入达到了12828元。具有各类画院近百家，拥有画家、画师、画工700多人，文化产品销售额达5000多万元，每年接待游客45000多人。绿泽画院已经探索出"教、产、展、销"的一体化经营模式，产品出口美、法、意等十几个国家，年出口贸易额超过300万美元，并已经完成从贴牌到品牌运作，从低端临摹到高端创作的转型，并逐步打造成为"以油画创作交易为核心业务的上市企业"。

随着达尼画家村的成功，为了扩大画家村的集聚以及品牌效应，整合更多的优质资源发展地方文化产品出口、文化生态旅游以及第三产业这三大支柱，一个规划面积为15.77平方公里的达尼文化产业园区浮出水面。胶南市专门成立了达尼文化产业园建设指挥部及办公室，抓紧达尼文化产业园的全面建设，已完成园区总体规划和控制性详细规划。

园区辖大泥沟头、小泥沟头、土山屯、王家洼子、东石岭、西石岭、张家屯7个村庄，自然环境优美、基础设施完善、文化创意产业集聚明显。目前园区正加快推进招商引资工作，泽丰生态文化园已完成投资4000万元，加快推进项目设施建设。

（三）"国际化绘画之乡"的中国梦

达尼画家村依山傍海、绿水环绕、风景秀丽、旅游资源丰富，每年文化旅游的产值过亿元。文化创意产业的繁荣让达尼画家村居民的素质显著提高，村庄的环境更加优美，社会也更加和谐稳定。

达尼画家村先后获得了青岛市十佳文明村庄、青岛市文化产业示范单位、山东省文明村、全国文明村等荣誉称号。未来达尼画家村将进一步实现与国际接轨，逐步成为国际化的绘画之乡。

三 推动油画产业进一步升级的建议

（一）成立胶南市油画行业协会

为加强行业间绘画技术的交流和市场的沟通，传承、创新和发展当地的油画艺术，扩大达尼画家村的油画品牌效应，促进胶南市油画产业的健康稳步发展，应以绿泽画院为首成立胶南市油画行业协会，将胶南市油画产业推上一个新的阶段。

协会的成立，将搭建起更加广阔的平台，进行更加广泛的学术交流会，邀请国家级以及省级画家来协会举办讲座，促进学术专业水平的提高，并可以整合资源加强油画产业技术的创新，对涉及产业发展的共性和关键性技术进行攻关。

（二）上下游产业链的进一步整合

除成立行业协会外，需进一步整合上下游产业链，有目的地吸纳和整合与油画产业相关联的企业，例如画框、颜料、画布、创意设计以及物流等。这不仅让达尼画家村变成画家的集聚地，更要让胶南变成江北，甚至全国的油画生产销售的集聚地，将胶南打造成为油画界人士梦寐以求的理想家园。

（三）B－B 模式向 B－C 模式转变

油画产业发展从初期的低端临摹、贴牌，到后期的高端创作、品牌运作转型，对应的营销模式也要有所转变。对于 B－B 的商业模式，政府虽然有文化产品出口退税的政策，但相对而言利润较低，而且创作型的作品附加产值比较高，应该向 B－C 的商业模式转变，两种模式相辅相成才能最大化油画作品的商业价值。

B.11

胶州市

——文化创意产业跨越式发展，剪纸产业化探究

一 胶州市 2012 年文化创意产业发展情况

（一）依托传统文化，文化创意产业的跨越式发展

胶州市以中国秧歌城、板桥镇、城隍庙为依托，全面挖掘秧歌文化、历史文化以及民俗文化，不断夯实胶州市文化创意产业的发展基石。截至 2012 年，全市共注册各类文化经营和服务单位达 389 家。城隍庙设立的美食一条街和文化一条街的入市经营业户达 840 个，参会人数突破 280 万人次，交易额高达 1.2 亿元。

胶州市少海新城和孝之源文化创意产业区两大工程建设纳入青岛市"千万平米"文化创意产业园区规划。截至 2012 年，少海产业园区已完成少海板桥镇、中国秧歌城广场、大型音乐喷泉等项目，完成投资 6 亿元，开工面积为 30 万平方米，竣工面积为 30 万平方米。青岛"孝之源"文化创意产业区重点打造艺术创作区、艺术展览区、收藏区、艺术表演区、文化会馆区、文化培训中心、动漫创意区，2012 年完成投资 7500 万元，计划开工面积为 2 万平方米，竣工面积为 2 万平方米。

胶州市文化行业协会成立，进一步增进文化市场行业内外协作交流，推进全市文化市场产业化、现代化的进程。

（二）打造三大产业链，规模效益明显

一是打造节庆展会产业链。围绕中国秧歌节、胶北镇桃花节等节庆会展活动，强化节会与经济的双向联系，研发了红秧歌酒、工艺品布老虎、玻璃雕塑大白菜等具有浓郁文化特色的旅游纪念品。第三届中国秧歌节规模宏大，累计参加人员达 5000 余人，吸引群众累计 20 万人次。二是不断拓展文化旅游休闲产业链。构建了一条"三里河文化遗址—高凤翰纪念馆—城隍庙—板桥镇遗址—三里河主题公园—文化新区—西海岸胶州影城—中国秧歌城—少海新城"自西向东的文化旅游休闲观光带，完善艾山风景区及农家游和企业游。三是做大做强油画生产产业链。2012 年以来不断加大对盛福画家村、青岛康林工艺品有限公司、孝源当代艺术创作基地等企业的扶持力度，积极推进杜村镇文化创意产业园的建设，计划用 1～2 年将园区打造成胶州市油画产业链的重要支撑。

二 "中国剪纸之乡"的文化品牌

胶州剪纸历史悠久、传承绵长，种类繁多、内容丰富，风格独特、特征鲜明，是具有胶州地方特色的民间工艺。2007 年，胶州剪纸被命名为山东省首批非物质文化遗产。2010 年 4 月，胶州市被命名为"中国剪纸之乡"。

（一）胶州剪纸的现实应用

胶州剪纸艺术工具简单，一把剪刀一张纸，用来表达意愿和希望，深受广大人民的喜爱和欢迎。现代剪纸延续了传统剪纸的装

饰、喜庆功能，但已经不再局限于此，日趋在社会上广泛应用。如请柬、商标、挂历、广告、室内装潢、服装设计、邮票设计、报刊题花、产品包装设计、舞台场景布置、影视片饰、插图、连环画、动画、书籍装帧、壁挂等，这些方面都越来越体现出剪纸艺术的魅力。

除此之外，剪纸艺术还作为一种图案底样，对印染、刺绣、纺织、建筑等工艺的发展有着极为广泛的影响。如木工雕刻图样和铜工雕刻的手炉盖、薰炉熏等，都是先用纸剪好纹样后，再蘸水贴在木板或铜器上，烟熏花纹后再进行雕刻。蓝印花布和清末民初驰名全国的"胶州花纸"，都与剪纸的造型和色彩有着不可分割的内在联系。

（二）胶州剪纸的传承与发展

胶州剪纸伴随农耕文明逐渐在胶州萌生、传承和发展。在长期的传承演变中，胶州剪纸逐渐成为一种风格独特、自成体系的民间艺术形式：技法上，主要以剪为主，剪、刻、镂空互采用，有机统一；构图上，阳剪、阴剪并用，阴阳互补，虚实相生，严谨细致；造型上，简繁相映，集精细灵秀与粗犷浑厚于一体，生动形象。取材广泛，内容丰富，花鸟鱼虫、山川人物、神话戏剧，无不入剪。这些特点，赋予胶州剪纸鲜明的地方特色和浓厚的民族气息。

改革开放以来，胶州剪纸得到了空前的发展，出现了创作繁荣、人才辈出的可喜局面，涌现出郭维全、高丰绪、张浩梅等一大批民间剪纸传承人，他们的作品多次获国家和省市大奖，其中有大量迎奥运的剪纸精品，部分代表作品已被青岛奥帆委收藏。近年来，有40多名艺人分赴韩国、日本、澳大利亚等国家进行剪纸表演，诸多胶州剪纸艺术作品被美国、加拿大、法国、意大利等国家及国内的博物馆、艺术家收藏。胶州剪纸已经成为胶州市"中国秧歌之乡"外的又一特色文化品牌。

三 胶州传统民间艺术——剪纸的产业化之路

非物质文化遗产的保护与传承一直是困扰政府的一个难题，而让其走向产业化、走向市场，是对其最好的保护也是最好的传承。通过创新，通过市场化的运作，让民间艺术得到最大化的挖掘，主要解决三个问题：产品、人才、渠道。针对胶州剪纸的规模化、多元化、品牌化发展，给出如下建议。

（一）成立剪纸产品研发基地

整合现有剪纸大师，成立胶州剪纸文化艺术研究中心，挖掘、保护、传承、创新和研究开发剪纸产品。结合胶州大秧歌研发人物剪纸，为胶州大白菜、大相家粉条、里岔黑猪肉等知名农家产品配套剪纸包装，并开发依托剪纸工艺的时尚美术工艺品、国家级馈赠礼品和外事礼品、旅游纪念品、剪纸挂历、剪纸台历、剪纸贺年卡、剪纸邀请函、大型户外剪纸产品等，为剪纸工艺走向市场化打下坚实的基础。

（二）培养剪纸人才

创办胶州剪纸职业培训学校，挖掘农村回乡青年以及闲余劳动力进行专业技术培训，传授产业化生产剪纸产品所需的技艺，为胶州剪纸产业做大做强提供人才保障。

（三）剪纸产品统一品牌化运作

成立胶州剪纸艺术发展有限公司进行剪纸产品品牌化运作，采取"公司＋农户"生产管理方式，以剪纸研发基地为依托，以周边生产、加工剪纸的乡镇、农村和农民家庭，带动剪纸专业乡、村、户生产基地集群。建立剪纸艺术博物馆，举办剪纸艺术节，打响胶州剪纸品牌，设立专营店，并在义乌小商品城建立对外的销售网络，实现订单化生产出口。

平度市

——依托资源优势，大力发展休闲观光创意
农业与乡村文化旅游

一 平度市 2012 年文化创意产业发展情况

2012 年，平度市积极落实各级扶持文化创意产业发展的政策
措施，培育新的文化业态，加大重大文化产业项目引进，不断提高
产业规模化、集约化、专业化水平。

（一）产业发展壮大，文化相关企业近 500 家

2012 年，平度市把发展文化及文化创意相关产业作为"转方
式、调结构"的重要支撑，共推出出版发行、版权服务、广播电
视电影服务、文化艺术服务、文化娱乐服务、文化产品制造销售等
6 个大类、11 个重点文化及文化创意相关产业项目，总投资额突破
50 亿元。文化及文化创意相关产业企业达到 492 家，项目数量连
续五年实现了 20% 以上的增长速度。

（二）草编产业舞动增收龙头，产业链条进一步升级

平度市文化及文化创意相关产业的"龙头"——草编业，畅
销国内外的草编品牌达到 130 多个，行业注册企业达到 160 多家，
各类专业分包项目达到 800 多家，个体加工业达到 5000 多户，形

成了一条从品牌打造到企业生产，再到专业分包、个体加工的长效产业链条。保证全市草编文化产业健康发展的同时，还为布、木、石工艺品产业的发展，提供了"链条模板"，加快了相关文化产业的链条建立和产业升级。

（三）全国首个县级市版权保护协会在平度成立

版权是文化创意产业的生命线。2012 年，全国第一家县级版权保护协会——平度市版权保护协会成立，标志着平度市版权保护工作走在了全国县级城市的前列。平度市版权保护意识显著提高，版权保护工作水平进一步提升，版权保护工作和科技创新步伐加快，为文化创意产业发展打下了坚实的基础。

二　平度市休闲创意农业与乡村文化旅游异军突起

平度市是传统的农业大市，农产品久负盛名，是全国"中国花生之乡""中国葡萄之乡""中国大姜之乡""中国果菜无公害十强市"，先后被农业部确定为全国首批国家现代农业示范区、全国农业标准化示范县，平度市大泽山葡萄观光园也被农业部和国家旅游局确定为全国休闲创意农业和乡村文化旅游示范点。

在传统农业发展的基础上，近几年平度市休闲创意农业异军突起，重点企业、镇、村在休闲创意农业与乡村文化旅游方面逐步形成自己的品牌与特色，带动产业快速发展。从 2006 年起，平度市连续举办了春季云山大樱桃节、夏季明村西瓜节、秋季大泽山葡萄节、冬季马家沟芹菜节等"四季节庆"活动，以"四季节庆"活动为载体，大力发展特色休闲观光创意农业，打造出特色的文化品牌。

（一）政府扶持，产业发展基础好

平度市政府每年安排专项资金 3000 万元，用于扶持设施大棚建设，全市设施农业总面积达到 23 万亩，实施了一批重点水利工程、村村通工程，基础设施不断完善，大大改善了农业和农村生产生活条件，为休闲观光创意农业的长远发展奠定了基础。平度市政府在各大观光农业示范园中设停车场，开辟旅游通道，沿途修建石桌、石凳供游客休息；在区内主要通路及主要参观点设有中英文对照的交通指示牌及说明牌，使游客能对旅游线路一目了然。

（二）五大产业优势，联动效应凸显

1. 云山大樱桃

云山大樱桃品质好、耐贮运，云山镇的大樱桃面积达到了15000 多亩，每年 6 月上旬是大樱桃节，至今已举办了六届，旅游氛围活跃，大幅提升了大樱桃知名度。同时，云山镇还是省级旅游强镇，旅游资源丰富。云山、猪拱河、尹府水库、千年古观云山观、唐代遗址大王桥、汉代古墓群以及被誉为平度十大奇境的"云山烟波"，这些丰富多彩的人文景观与独具特色的自然景观交相辉映，使云山具备了得天独厚的乡村文化旅游条件。

2. 胶东西瓜第一镇——明村

明村素有"胶东西瓜第一镇"的美称，是国家西瓜产业技术体系示范基地，年产量达 3.2 亿公斤，销售收入达 4 亿元，为江北地区重要的大棚西瓜生产基地。其盛产的大棚樱桃、西红柿远近闻名，每年 7 月份举办的西瓜节也成为平度市特色节庆活动。明村镇旅游资源丰富，有因胶东战役闻名遐迩的三合山和韩村大汶口文化遗址等。

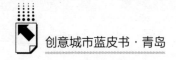
3. 中国葡萄之乡——大泽山

平度北部大泽山区素有"中国葡萄之乡"美誉，年产各种葡萄 5 万多吨，产值达 4 亿元。大泽山享有日照庵、智藏寺、岳石文化遗址、天柱山摩崖石刻、玉皇庙遗址、望海楼遗址、高家阻击战遗址、抗日战争纪念馆及石雷战遗址等文化旅游资源，每年 9 月 1~3 日，"大泽山葡萄节"如期在这里举行，成为集文化、旅游和经贸于一体的重要民间节庆活动。

4. 马家沟芹菜

马家沟芹菜作为青岛乃至山东省的地方特产，已有千年栽培历史，是青岛市农产品名牌、山东省著名商标和国家地理标志保护产品，并实现了四个全国第一：第一个叶类蔬菜地理标志保护产品、第一个拍卖农产品区域专营代理权、第一个芹菜博物馆、第一个芹菜太空育种。每年 12 月中旬举办芹菜节。

5. 茶山风景区

茶山风景区占地面积约为 10 平方公里，是以"山石、山泉、山花、山寺"为主题，以山东省海拔最高的般若寺宗教朝圣地和我国北方最大的国际山地高尔夫球场为代表的极具动感与挑战性的茶山运动旅游为特色，拥有入口服务区、儿童游乐区、生态观光区、拓展体验区、别墅接待区、宗教朝圣区、茶山湖水上运动区、高尔夫高端运动区八大功能区，融山、石、林、花、果、河、湖、泉、瀑、寺于一体，集观光游览、宗教朝圣、动感体验、休闲度假于一身的多元多质综合型精品旅游景区，成为都市人回归山野、身心康宁、追寻放松的绝佳胜地。

（三）项目助推，农业旅游进一步升级

目前，平度市有不同接待条件和规模的休闲观光创意农业景点

110 个，其中年营业收入达 500 万元以上规模的景点有 12 个：大泽山葡萄观光园、半岛葡萄酒庄、五龙埠葡萄观光园、天池岭葡萄观光园、茶山风景旅游区、桃花涧樱桃观光园、明村西瓜镇、明村樱桃和西红柿观光采摘园、马家沟芹菜产业园、乐义开心蔬菜种植园、青岛大樱桃生态科技园、杨家顶子设施蔬菜观光园。

12 大观光园每年接待游客约 100 余万人次，从业人数为 4.1 万人，吸纳当地农村劳动力 3 万人，占职工总数的 73% 以上，且 60% 的从业人员都接受了专门培训并有 30% 以上取得了相应的职业资格证书。其中，大泽山的五龙埠葡萄观光园、大泽山天池岭葡萄观光园每年接待游客约 60 万人次。

三 进一步提升创意农业与文化旅游

（一）改善经营形式，完善上下游产业链条

以"绿色、时尚、生态、健康"打造大泽山葡萄、云山大樱桃、明村西瓜、明村樱桃和西红柿、马家沟芹菜等高产优质高效农产品，提升产品内在价值。同时向上延伸果蔬品种改良、新品种引进，扩大种苗的繁育、销售，向下引导构建集旅游、休闲、观光、科研、生产于一体的观光园区，完善出行、住宿、餐饮、娱乐等消费链条，推进平度市休闲创意农业与乡村文化旅游的快速发展。

（二）打造"公司＋农户"产业模式

以家庭为主体的小规模经营方式已成为休闲创意农业发展的瓶颈，因此，必须提升经营层次与规模，改变休闲创意农业原有的经营形式，推广"公司＋农户"的产业模式，变农户各自分散提供

休闲产品为组织集中提供产品，实现休闲资源和设施有机整合、休闲市场统一开发、经营过程统一管理，提升休闲创意农业的专业化、集约化水平，致力于形成农产品特色品牌。

（三）组织"胶东特色文化名城－创意农业观光行"

深挖"四节四会"（云山大樱桃节、明村西瓜节、大泽山葡萄节、马家沟芹菜节，青岛花生博览交易会、旧店苹果展示交易会、仁禾生姜交易会、中国牛业发展大会）品牌文化内涵，提高节会吸引力和对外影响力。每年组织一次"胶东特色文化名城－创意农业观光行"，加大品牌宣传力度，提高产品知名度和美誉度。

莱西市

——千年传承的民间技艺，小木偶也能搞成大产业

一 莱西市 2012 年文化创意产业发展情况

（一）"一村一品"工程，打响民俗特色文化品牌

莱西市因村制宜，大力实施文化"一村一品"工程，投入资金达到 2 亿元，着力打造乡村文化设施、活动、品牌。实现文化资源的市场化、产业化运作，培育扶持一批剪纸、工艺葫芦、木雕、石刻、糯模人等特色民间工艺专业村庄 120 多个，特色饮食文化村庄 16 个，依托文化传统着力打造一批具有浓郁民俗特色的文化创意产业品牌。全市"一村一品"文化产业产值达到 12.9 亿元。

（二）大项目带动，文化旅游业发展势头强劲

2012 年，莱西市重点培育长岛路文化产业带和大沽河文化产业带，积极开拓文化旅游业，以文化旅游促进环境再造，整合历史文化资源融入，文化创意产业增加值保持 25% 以上。江山湖一期、奥润熙湖综合开发以及白鹭湖温泉度假村大项目先后开工建设，总投资达 77 亿元。全市文化旅游共接待游客 280 万人次，同比增长 24.6%；总收入达 7.1 亿元，同比增长 31%。

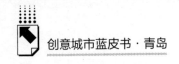

二 莱西市木偶艺术产业：根植莱西 面向世界

（一）莱西木偶艺术千年历史，非遗枯木逢春

木偶戏，历史悠久，在中国古代又称"傀儡戏"，是由演员在幕后操纵木制玩偶进行表演的戏剧形式，是中国艺苑中的一朵奇葩。莱西是木偶戏的重要发源地之一。1978年，在莱西岱墅西汉木椁墓中出土的193厘米高的大木偶和与之配套的系列小木偶，被认为是世界木偶的始祖，距今已有2000多年。

随着时代的发展，木偶戏赖以生存与发展的社会基础都发生了变革，莱西的木偶演出几近绝迹，木偶戏的制作工艺、唱腔、表演几近失传。近年来，随着非物质文化遗产保护工作的深入开展，文化普查让莱西木偶枯木逢春，木偶戏作为特色非物质文化遗产保护项目得到了有序的挖掘保护和继承。

为了更好地保护莱西木偶戏和传承人，使这一非物质文化遗产延续发展，莱西市政府每年拨款10万元，用于普查、保护、扶持民间木偶艺术。木偶戏已先后列入莱西和青岛市级非物质文化遗产保护项目，莱西还成立了"莱西市木偶传承保护中心"和"莱西市木偶艺术团"，积极组织民间老艺人带徒授艺，实行传、帮、带，深入挖掘和发展木偶艺术，使木偶艺术得到有效传承和发展。

（二）深挖古老技艺大胆尝试创新，产业化发展势头良好

近年来，莱西木偶艺术已经演变成门类众多的各种形象，如卡通形象、动漫形象等，表现形式不仅局限于人物，而且更多地融入了动物、变形人物等丰富多彩的表现形式，木偶的制作材料和工艺

实现了突破性进展。

莱西市木偶艺术团已经成为中国江北地区最大的集木偶制作、表演、销售、研发为一体的民间木偶艺术团体，深入挖掘古老技艺并大胆尝试创新，木偶艺术产业化发展势头良好。除《西游记》、《梁祝》和《说唱脸谱》等大型木偶传统剧目传承创新外，新版剧目《白雪公主和七个小矮人》加入现代元素，将传统木偶变身小朋友最爱的卡通木偶，焕发新的生命力；将书法和木偶两大传统艺术结合创新出木偶书法节目，让人拍案叫绝；将糯模人手艺与木偶制作相融合，在降低制作成本的同时，创新了木偶制作技艺。

莱西木偶艺术馆作为青岛市唯一的木偶展馆，围绕莱西木偶艺术，致力于木偶艺术研究、发掘、制作、演出、交流、传播等项目的深度运营，从事演出木偶的研发制作、木偶旅游品和纪念品的定制营销，使莱西木偶艺术产业发展之路越走越宽。

莱西市木偶艺术紧随文化创意产业发展相步伐，与文化强市建设相结合，开发城市文化旅游产品，推动了木偶艺术的资源整合、成果展示、文化交流、传承保护和产业发展，逐步打造"木偶艺术之乡"文化品牌。

（三）莱西木偶艺术产业的中国梦

木偶看着简单，但制作过程相当复杂，成本高昂。目前莱西木偶艺术发展所面临的主要问题是资金的匮乏。有关部门的拨款只是杯水车薪，但是木偶艺术产业发展前景却极为广阔，要发展莱西木偶艺术，不可能一蹴而就。青岛劈柴院传统文化展演、第20届青岛国际啤酒节巡演、青岛群众艺术馆非物质文化遗产专场演出、青岛海云庵糖球会闭幕式献艺仅仅是开始，2014年世界园艺博览会、世界休闲体育运动大会特色艺术节目表演也将为木偶艺术产业发展提供更广阔的平台；来自美国世界艺术家协会的邀请，使"根植莱西，面向世界"的莱西木偶艺术走出国门、走向国际舞台的梦并不远，将木偶产品推向世界市场指日可待。

三 深挖木偶艺术产业链，打造儿童文化创意产业园

要更好地保护传承莱西木偶艺术，需要更加积极地向产业化运作靠拢，优化机制体制，创新艺术生产，拓宽营销渠道，让莱西木偶真正"活"起来。

（一）转体改制，成立莱西市木偶艺术剧院有限责任公司

在文化体制改革的东风下，建议将莱西市木偶艺术团、莱西市木偶传承中心以及莱西市艺术馆合并重组，组建莱西市木偶艺术剧院有限责任公司。采取市场化运作，将莱西市小木偶搞成大产业，将小剧种做成大市场，将小剧院变成大阵地。

（二）延伸产业链，打造儿童文化创意产业园

以木偶艺术为核心，使剧院从原来单一经营木偶演出向儿童娱乐业发展，力求形成集木偶演出、影视、动漫、游戏、图书、网络、食品、玩具于一体的综合性儿童文化产业链，打造莱西市儿童文化创意产业园。园区针对15岁以下儿童少年设计建造，将推出一系列益智游戏，激发孩子们的想象力、创造力，锻炼他们的意志力，培养他们的道德情操，极大地丰富少年儿童的文化生活。

产业园在木偶演出、寓教于乐以及休闲购物的基础上，将园区本身变成一座木偶博物馆，融合莱西市甚至全国不同风格的木偶予以展示，并成立木偶研发团队，开发提线木偶玩具、木偶人物毛绒玩具、木偶剧音像和丛书等多种木偶剧的衍生产品，延伸木偶演出的产业链。

专题篇　

Special Reports

B.14

青岛市文化创意产业园区发展研究

　　联合国教科文组织对文化产业的定义是：按照工业标准，生产、再生产、储存以及分配文化产品和服务的一系列活动。与之相应的文化创意产业园区则是指一系列与文化关联的、产业规模集聚的特定地理区域，是具有鲜明文化形象并对外界产生一定吸引力的集生产、交易、休闲、居住为一体的多功能园区。

　　我国文化创意产业发展的历史还比较短，但发展势头猛，已经形成环渤海、长三角、珠三角三大文化创意产业集群。青岛作为环渤海文化创意产业集群的主力军，一直走在我国文化创意产业发展的最前沿。2004年，以上海为首的长三角地区掀起了建设文化创意产业园区的浪潮，并迅速席卷全国。青岛作为发展文化创意产业的排头兵也不甘落后，在短时间内打造出了以创意100为代表的青岛文化创意产业园区集群，截至 2012 年已完成 26 个园区的建设和运营。

轰轰烈烈的园区建设已经过去了六七年，大量建设的园区为各地文化创意产业的发展带来了可观的规模效应，然而随着文化创意产业园区的深入发展，园区建设开始暴露出一些亟待解决的问题，如园区功能定位不清、产业同构明显、服务平台不完备、高端创意人才匮乏、产业链不完整等。

青岛的文化创意产业园区同样存在着许多问题，在园区的定位、建设、运营方面有待进一步的升级改造。

一　发展现状概述

青岛的文化创意产业园区建设不断提速，截至 2012 年，青岛已建成文化创意产业园区 26 个，其中市南区 8 个，占园区总数量的 31%；市北区 7 个，占园区总数量的 27%；黄岛区 3 个，占园区总数量的 12%；城阳区 6 个，占园区总数量的 23%；崂山区和即墨市各 1 个，各占园区数量的 4%。园区的总投资额为 156 亿元，总建筑面积为 225 万平方米。此外，全市"千万平米"文化创意产业园工程建设有序推进，新规划文化创意产业园 41 个，全市文化创意产业集群化发展趋势初步显现。

（一）区域布局更加合理

2012 年青岛市共建设文化创意产业项目 40 个，占地总面积为 58938.25 亩，总投资为 647.66 亿元（见表 1）。在这些文化创意产业重点项目中，新闻、出版发行、版权服务、文化艺术服务等行业所占比例较大，文化创意产业的竞争力得到显著增强。

表1 2012年青岛市重点建设的文化创意产业项目

所属行业	项目名称	占地面积（亩）	项目投资（亿元）	所在区市	主要内容
创意设计业	青岛建筑设计创意产业园	2700	60.15	四方区	依托理工大学建筑科技学科优势,结合鞍山路北片等老城区改造,规划建设银华广场、裕龙商务区、宏业建筑创意广场等,发展建筑设计、艺术创意、城市规划、环境设计、艺术创意、广告设计等创意产业,打造国内一流的设计创意产业聚集区
	青岛工业设计产业园	260	10	四方区	园区主要依托四方机车厂周边工业设计产业集群优势,结合青岛市家电、造船、服装、建筑环境设计等优势产业,大力引进国内外设计机构,提升设计创新能力,打造青岛乃至全国具有较高知名度和影响力的工业设计产业聚集区
	联创纺织文化创意产业园	6.75	1	城阳区	建立创意产业空间,发展品牌设计、工业设计、产品设计等项目,吸引艺术机构和个人艺术工作室入驻,形成创意设计基地
	中艺文化创意产业园	124	6.2	李沧区	建设区企业公共服务中心,主要吸纳从事创意、文化、环保、新能源等产业的企业总部入驻,并提供一站式服务
	青岛盛文饰品创意设计中心	33	2.25	李沧区	珠宝饰品设计
文化旅游业	城市记忆——四方啤酒街老街城	381	3.5	四方区	主要打造建设青岛数字文化体验中心和《青岛往事》拍摄基地,以"生态、节能、低碳"为规划主题,打造数字科技动漫游戏体验、影视拍摄、休闲旅游、游艇度假等富有滨海城市特色的滨海新城

续表

所属行业	项目名称	占地面积（亩）	项目投资（亿元）	所在区市	主要内容
文化旅游业	青岛海上嘉年华（创意部分）	100	5	开发区	集水上游乐、水上运动、海洋科普、五星级假日酒店、高端电玩城、大型夜总会、大型康体健身中心、室内休闲步行商业街、大型海鲜自助餐饮超市等十余种业态于一体的超大型海上游乐综合体建筑
	东夷文化产业园	12000	20	胶南市	按照"一点一轴两篇区"的功能布局，重点打造海洋文化旅游区、东一文化旅游展示区、国际教育区、东一文化小镇、艺术交流区、酒店度假区和高端商务区，共计27个项目
	金典红树林文化旅游项目	445	40	胶南市	以"建设中国北方最大的度假会展生活酒店"、打造"青岛的亚龙湾"为目标，规划建设集度假酒店、电影院、美术馆、会展中心、温泉馆、餐厅、商业街、儿童游乐城等于一体的电影文化艺术中心、会议会展商业中心、休闲度假生活中心
	少海新城文化创意产业园	400	15	胶州市	开发板桥镇、市舶司、秧歌广场、大型水景音乐喷泉、娱乐岛、宗教文化岛、文化长堤、日晷广场、南湖文化广场、欧式文化会所等项目，打造设施齐全的文化旅游综合体
节庆会展业	世园会园艺文化中心	41.6	2.5	李沧区	主要建设世园会主题馆、植物馆、世园会园艺文化中心等，用于会展、演艺、园艺文化展示
传媒出版业	红星科技印刷与文化创意产业园	240	4	李沧区	印刷创意、印刷科技及物流平台，传媒产业等
	青岛国家级版权交易中心	租赁办公	0.1	开发区	建设山东省第一个国家级版权交易中心。现在租赁大厦办公，拟规划建设产业园区

续表

所属行业	项目名称	占地面积（亩）	项目投资（亿元）	所在区市	主要内容
传媒出版业	中国传媒大学青岛传媒文化基地	1000	30	开发区	传媒文化产业园主要包括传媒文化产业总部基地、传媒文化产业创意中心、传媒文化产业孵化中心、传媒文化研发与制作基地、国际文化产业黄岛论坛常设会址等。依托中国传媒大学学科和专业优势，为文化产业发展培训急需人才
	中国石油大学出版社创意培训基地	30~50	2	开发区	该项目拟在出版基地建设的总体框架下，重点发展教育实训基地（包括工程实训中心、教师培训中心和幼教出版物研发中心）、内容策划编创基地、数字出版及动漫创意基地、版权贸易基地，建成专家学者的聚集地
影视动漫业	山东影视文化产业园	645	18	四方区	影视文化与工业文明结合的创新园区，是影视拍摄、体验旅游、商业经营功能和环境艺术的综合，创建了"影视拍摄＋体验旅游＋商业经营"三位一体的运营模式
	凤凰岛影视动漫创意城（二期）	100	10	开发区	包括国际影视学术交流中心、国际影视专家工作室、四个摄影棚和一个大礼堂
	欢乐滨海城影视拍摄基地（数字内容及文化休闲娱乐）	381	22	四方区	主要打造建设青岛数字文化体验中心和《青岛往事》拍摄基地。以"生态、节能、低碳"为规划主题，打造以数字科技动漫游戏体验、影视拍摄、休闲旅游、游艇度假等为主的富有滨海城市特色的滨海新城
	青岛华强科技产业基地	2000	50	城阳区	新建动漫研发产业基地

续表

所属行业	项目名称	占地面积（亩）	项目投资（亿元）	所在区市	主要内容
影视动漫业	中视动画城	325	18	城阳区	该项目将建设动画大片制作基地、室内动画体验中心、动画电视频道基地、国际动画版权（衍生品）交易中心、动漫评选机构、动漫创意广场、动漫项目孵化中心等
	IMAX 巨幕影院	23.9	2.6	开发区	项目一期建设天丽国际影城，打造节能、低碳、现代的"绿色时尚电影院"，项目二期将打造国内最高端、山东地区最大的电影主题village，计划约 45 个影厅、3500 个座位
	北京乐视金传媒有限公司动漫及影视制作项目	40	1	开发区	项目主要建设内容为动漫原创及影视制作平台、孔子动漫制作、节庆活动的承办等
	中视联动漫产业基地	租赁办公	0.05	开发区	打造集人才教育与培训、创业指导与孵化、市场开发与合作、技术研发与服务等多种功能为一体的"产、学、研、孵"综合性动漫产业基地，形成了从人才培训、团队孵化到外包加工、产品研发的动漫产业链
	青岛西海岸影城二期	租赁办公	0.2	开发区	青岛西海岸电影城有限公司成立于 2003 年。从单厅到 2006 年扩建为 4 个厅，计划扩建至 7 个放映厅
	藏马山文化产业园	9000	30	胶南市	重点发展以动漫为主导产品的相关产业，重点推出 90 集《山东小圣人》儒家思想动漫系列，建议全新概念打造儿童欢乐天地。园区还包括齐鲁文化发展史纪念馆、齐鲁十二生肖纪念馆、清代花坛齐鲁四大家纪念馆、汽车电影院、卡丁剧场、藏马山画家村、藏马山国际会展中心等功能区

续表

所属行业	项目名称	占地面积（亩）	项目投资（亿元）	所在区市	主要内容
影视动漫业	中国动漫集团（青岛）国际动漫园区	400	50	开发区	建设孙悟空连锁动漫游戏城、中日韩国际动漫游戏合作研发中心、中国动漫集团（青岛）国际动画影视颁奖基地、国际动漫节会展中心、中国动漫集团（青岛）产业集聚区、中国动漫集团（青岛）国际动漫研发制作基地、中国动漫高端国际论坛（青岛）会议中心、动漫游戏高端教育培训项目
	影视演艺中心	200	3	开发区	以影视文化为主题，建成集影视特色游、商务会议游、民俗风情游、中高端休闲度假为一体的具有国际水准的文化度假胜地
工艺美术业	青岛西海岸画院（青岛西海岸美术交流中心）	租赁办公	0.11	开发区	主要进行馆藏布展名家书画等
	达尼文化产业园	23655	30	胶南市	重点发展以油画为主导产品的艺术产业，以书法培训、写生为主的艺术教育产业和以生态、文化旅游为主的旅游度假产业，并将产业园划分为核心产业区、会展交易区、产业体检区、写生教育区、休闲度假区、生活居住区等
	唐家湾艺术海岸项目	120	2.5	开发区	以中国美术馆、青岛当代馆和青岛当代美术馆为主要公益设施，配套以其他文化产业项目的艺术产业园区，主要功能涵盖艺术展览、艺术创作、艺术品交易、艺术品仓储等
	红锦坊艺术工坊	48	1.3	四方区	打造青岛纺织文化历史展览的景区、艺术家交流的集散地、四方区工业旅游的重要景点

续表

所属行业	项目名称	占地面积（亩）	项目投资（亿元）	所在区市	主要内容
工艺美术业	孝之源文化创意产业园	300	1.5	胶州市	将打造艺术创作区、艺术展览区、收藏区、艺术表演区、文化会馆区、文化培训区、采摘旅游区、动漫创意区等功能区
广告业	国家广告产业园	500	48	城阳区	项目分广告影视拍摄区、广告展览展示区、国际广告学术交流区、国际广告人才培训区等内容
教育培训业	中国蒲公英少儿培训基地	100	2.6	胶南市	中国蒲公英少儿培训基地以绘画、书法培训为重点培训科目,同时开展声乐、舞蹈培训,力争打造胶南首届一指的培训机构
教育培训业	青岛上海戏剧学院艺术学校	300	0.1	开发区	上海戏剧学院与青岛海西城投公司合作办学,在南洋学校原有教学楼和硬件设施基础上修缮改造,办学层次为中等专业学校
数字内容产业	海尔智能产业园	120	20	四方区	园区由智能园和云社区两个部分组成,努力将园区建设成集数码产业研发、家电创意、金融保险、工业旅游等现代服务业于一体的高端智能产业园
数字内容产业	天安数码城	1900	100	城阳区	项目建成后,将打造以城阳为中心的区域文化科技创意产业研发中心、区域物联网创意研发与应用中心、区域管理总部基地
数字内容产业	海尔数字创意产业园(海尔智能产业园)	160	20	四方区	打造集数码产业研发、家电创意、金融保险、市场营销、工业旅游等现代服务业为一体的高端智能产业园
数字内容产业	中央歌剧院数字化舞美创意产业基地	800～1000	10	开发区	产业基地建设内容主要包括五个板块:数字舞美科技工程公司、数字化舞美研发实验室、中国数字化舞美科技应用学院、数字化展示展演中心、产品研发制造中心

续表

所属行业	项目名称	占地面积（亩）	项目投资（亿元）	所在区市	主要内容
数字内容产业	中国（青岛）国棉6虚拟现实产业园	150	5	李沧区	形成海鲜汇餐饮一条街、创意酒店、文化休闲演艺中心、企业会所、酒店式公寓等高标准基础设施场所，成为独具规模的"中国（青岛）国棉6虚拟现实产业园"以及每日接待游客量达4万人次的"青岛国棉6光锦视界虚拟现实主题公园"两大功能区

（二）行业分布主次分明

在2012年青岛市文化创意产业重点建设项目中，创意设计业投资建设5个项目，投资79.6亿元，占青岛市重点文化创意产业项目投资总额的12.3%；文化旅游业投资建设5个项目，投资83.5亿元，占青岛市总投资额的12.9%；传媒出版业投资建设4个项目，投资36.1亿元，占青岛市总投资额的5.6%；影视动漫业投资建设12个项目，投资204.85亿元，占青岛市投资总额的31.6%；工艺美术业投资35.41亿元，建设5个文化创意产业重点项目，占青岛市投资总额的5.5%；节庆会展业投资2.5亿元，建设占地面积41.6亩的世园会园艺文化中心，占青岛市投资总额的0.4%；广告业投资48亿元，建设占地面积500亩的国家广告产业园，占青岛市投资总额的7.4%；教育培训业投资2.7亿元，建设2个重点文化创意产业项目，占青岛市投资总额的0.4%；数字内容业投资155亿元，建设5个数字内容产业重大项目，占青岛市投资总额的23.9%。

在所有行业中，影视动漫业、数字内容业和文化旅游业的项目建设规模最大，三者的投资额占青岛市总投资额的近七成，这表明以上三个行业将成为青岛市文化创意产业未来的发展重点（见图1）。第一，青岛市发展动漫影视产业有着突出的优势，优越的自然环境、完善的基地平台、政策的持续支持、丰富的人才资源使青岛市影视动漫产业的发展成为必然趋势。开发区和城阳区作为动漫项目的重点建设区域，在未来也必将发展成为青岛动漫影视产业的聚集区和示范区。第二，作为国家级文化和科技融合示范基地，青岛市在科技研发方面具有先天的优势，而文化与科技相结合，融合高科技、创意元素的新兴文化产业，必将成为青岛市文化产业发展新的增长点。第三，青岛市是我国著名的滨海旅游城市，旅游文化贯穿了青岛市发展的始终，多年来打造的旅游接待体系已经非常成熟，因此，青岛市发展文化旅游业将水到渠成。

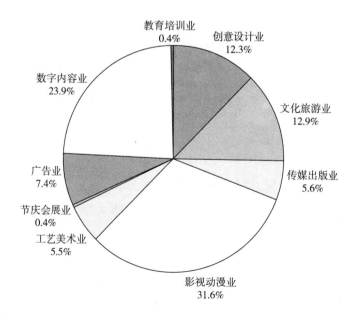

图1　青岛市文化创意产业行业项目投资额分布

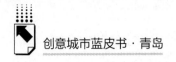

（三）规模不断扩大

青岛市 2012 年重点建设的文化创意产业项目中，投资额高于 5 亿元的有 23 个，占总数的 57.5%；投资额高于 10 亿元的有 19 个，占总数的 47.5%；投资额高于 20 亿元的有 13 个，占总数的 32.5%；投资额高于 40 亿元的有 6 个，占总数的 15%。占地面积超过 100 亩的文化创意产业项目有 29 个，占总数的 72.5%；超过 500 亩的文化创意产业项目有 10 个，占总数的 25%；超过 1000 亩的文化创意产业项目有 7 个，占总数的 17.5%。

总体来说，2012 年青岛市重点建设的文化创意产业园区项目在投资额和建设规模上都是空前的，这预示着在未来几年，青岛市将有越来越多的大型文化创意产业园区项目落成，这为青岛未来文化创意产业的发展和繁荣打下了良好的硬件基础。

二　发展现状实证研究

为了进一步总结青岛文化创意产业园区的特点，课题组对现有的文化创意产业园区进行了市场抽样调查，从园区规模、硬件配套、平台建设、周边环境、从业人员以及园区未来发展方向等方面做了相关统计，以期了解园区的建设情况和管理状态，从而为青岛园区和其他同类城市的园区建设、管理、服务等提供参考数据和借鉴模式。

每项统计研究设置了若干考核指标，并为每个指标设定了相应的得分区间，本课题组聘请了 10 位文化创意产业领域专家，由专家进行评分。每项指标权重的确定方法采用主观赋权法，由 10 位文化创意产业领域专家对各考核指标体系进行深入研究，每位专家先独立地对考核指标设置权重，然后课题组对每个考核指标的权重取平均值，作为最终权重。

（一）园区规模研究

在园区规模研究中，本课题组选择了四个指标，分别是投资额、园区企业数量、占地面积、总建筑面积，各项指标满分为10分（见表2）。

表2　园区规模得分区间

指　标	区间	得分	区间	得分	区间	得分	权重
投资额（亿元）	<1	5	1~10	8	>10	10	0.3
园区企业数量（家）	<100	5	100~300	8	>300	10	0.1
占地面积（亩）	<100	5	100~300	8	>300	10	0.3
总建筑面积（万平方米）	<5	5	5~10	8	>10	10	0.3

统计结果显示，青岛市文化创意产业园区的规模分为以下三种：得分大于8分的占45%，得分为6~8分的占30%，得分小于6分的占25%（见图2）。青岛市现有的文化创意产业园区规模以得分大于8分为主，此类园区主要有以下特征：第一，投资额为1亿~10亿元；第二，园区占地面积主要集中在100~300亩；第三，园区建筑面积大多集中在10万平方米左右；第四，园区入驻企业数量大多超过300家。

（二）硬件配套研究

在园区硬件配套情况的研究中，课题组选择了八个指标，分别是车位数量、绿化率、配套比例、公厕数量、公共展示区面积、健身场所、公共休憩场所、超市，各项指标满分为10分（见表3）。

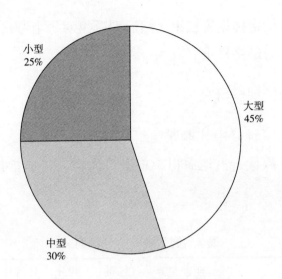

图2 园区规模调查统计情况

表3 园区硬件配套得分区间表

指 标	区间	得分	区间	得分	区间	得分	权重
车位数量(个)	< 300	5	300 ~ 500	8	> 500	10	0.25
绿化率(%)	10 ~ 20	5	20 ~ 30	8	> 30	10	0.3
配套比例(%)	> 20	5	5 ~ 10	8	10 ~ 20	10	0.15
公厕数量(个)	1 ~ 5	5	5 ~ 10	8	> 10	10	0.1
公共展示区面积(平方米)	30 ~ 50	5	50 ~ 100	8	> 100	10	0.15
健身场所	无	0	有	10	—	—	0.01
公共休憩场所	无	0	有	10	—	—	0.02
超市	无	0	有	10	—	—	0.02

　　统计结果显示，青岛市文化创意产业园区的硬件配套情况分为以下三种：得分大于8分的占46%，得分为6~8分的占28%，得分小于6分的占26%（见图3）。统计数据显示，青岛市现有文化产业园区硬件配套合格率在八成左右，仍有部分园区硬件配套处于空白阶段，需要进一步完善。硬件配套得分大于8分的园区主要有以下特征：第一，园区为入驻企业提供了超市、健身场所、公共休

憩区等配套设施；第二，园区绿化率在20%以上；第三，园区拥有100平方米以上的公共展览区；第四，园区车位数量超过300个。

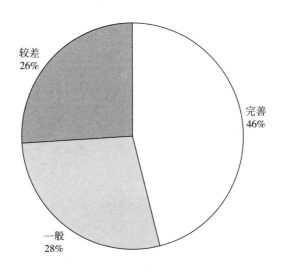

图3　园区硬件配套统计情况

（三）平台建设研究

在园区平台建设情况的研究中，课题组选择了五个指标，分别是公共服务平台数量、孵化企业数量、研发机构数量、公共网站、扶持政策数量，各项指标满分为10分（见表4）。

表4　园区平台建设得分区间

指　标	区间	得分	区间	得分	区间	得分	权重
公共服务平台数量（个）	<3	5	3~5	8	>5	10	0.4
孵化企业数量（个）	0	0	1~20	8	>20	10	0.2
研发机构数量（个）	0	0	1~5	8	>5	10	0.25
公共网站	无	0	在建	5	有	10	0.05
扶持政策数量（个）	0	0	1~5	5	>5	10	0.1

根据统计结果，青岛市文化创意产业园区的平台建设情况分为以下三种：得分大于8分的占28%，得分为6~8分的占40%，得分小于6分的占32%（见图4）。统计数据显示，青岛市大多数文化创意产业园区都搭建了各自的公共服务平台。平台建设得分大于8分的园区主要有以下特征：第一，园区建设了3个以上的公共服务平台；第二，园区拥有自己的孵化器，园区年孵化企业数量超过15家；第三，园区建设有公共网站；第四，园区拥有独立的研发机构。

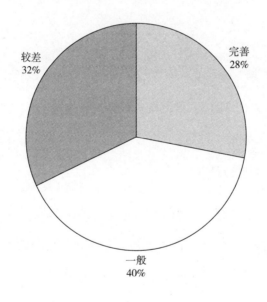

图4　园区平台建设统计情况

（四）周边环境研究

在园区周边环境情况的研究中，课题组选择了五个指标，分别是周边居民区数量，周边公交线路数量，周边餐厅、酒店数量，周边银行数量，周边商场超市数量，各项指标满分为10分（见表5）。

表5　园区周边环境得分区间

指　　标	区间	得分	区间	得分	区间	得分	权重
周边居民区数量(个)	无	0	1~5	5	>5	10	0.3
周边公交线路数量(条)	1~3	5	3~5	8	>5	10	0.4
周边餐厅、酒店数量(家)	无	0	1~5	5	>5	10	0.15
周边银行数量(家)	无	0	1~3	5	>3	10	0.1
周边商场超市数量(家)	无	0	1~5	5	>5	10	0.05

　　根据统计结果，青岛市文化创意产业园区的周边环境情况分为以下三种：得分大于8分的占36%，得分为6~8分的占55%，得分小于6分的占9%（见图5）。统计数据显示，青岛市几乎所有的文化创意产业园区周边都有居民区、超市，生活配套较为完善。其中周边环境得分大于8分的园区具有以下特征：第一，园区周边拥有3条以上的公交线路；第二，园区周边拥有3家以上的银行；第三，园区周边餐厅、酒店的数量超过5家。

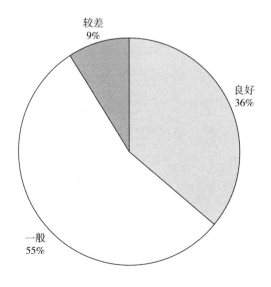

图5　园区周边环境统计情况

（五）从业人员研究

在从业人员的研究中，课题组选择了六个指标，分别是从业人员数量、高学历（本科以上）从业人员的比例、管理人员数量、管理人员中高学历（本科及以上）人员的比例、聘请国外专家数量、每年资助的人才数量，各项指标满分为10分（见表6）。

表6　园区人才状况得分区间

指　标	区间	得分	区间	得分	区间	得分	权重
从业人员数量（人）	<1000	5	1000~3000	8	>3000	10	0.1
高学历（本科以上）从业人员的比例（%）	<10	5	10~20	8	>20	10	0.2
管理人员数量（人）	<20	5	20~50	8	>50	10	0.1
管理人员中高学历（本科及以上）人员的比例（%）	10~30	5	30~50	8	>50	10	0.2
聘请国外专家数量（人）	<10	5	10~30	8	>30	10	0.2
每年资助的人才数量（人）	<5	5	5~10	8	>10	10	0.2

根据统计结果，青岛市文化创意产业园区的人才状况分为以下三种：得分大于8分的占30%，得分为6~8分的占45%，得分小于6分的占25%（见图6）。统计数据显示，青岛文化创意产业园区的人才状况不容乐观，虽然园区的从业人员数量和质量都比较高，但是每年引进的外国专家和资助的人才数量较为稀少，园区尚未建立良好的人才引进和培养机制。从业人员状况得分大于8分的园区一般具有以下特征：第一，园区从业人员数量超过1000人；第二，园区本科以上学历的从业人员比例超过20%；第三，园区聘请的外国专家数量超过10人；第四，园区每年资助和培养的人才数量超过10人。

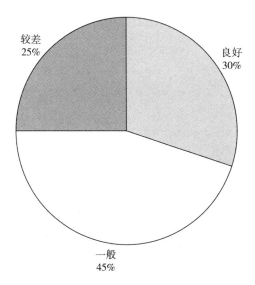

图6 园区人才状况统计情况

（六）园区发展问题、未来发展方向研究

抽样调查结果显示，在园区发展方面，90%的园区都比较熟悉国家、区市针对文化产业园区出台的相关政策；约有55%的园区与其他同类园区有合作关系；40%的园区每年会举办针对园区企业的推广宣传活动，并组织园区内企业进行交流互动。

据统计，园区在发展过程中遇到的问题集中体现在政策扶持方面，此类园区占比达到58%；21%的园区需要资金支持；11%的园区存在企业入驻率不高的问题；5%的园区需要进一步改善园区管理；剩余5%的园区则受制于行业环境问题（见图7）。

在园区未来的发展方向上，各园区有着不同的发展重点，42%的园区选择加大对园区的宣传力度，提高园区知名度，走园区品牌化道路；26%的园区将致力于改善园区环境，提高园区服务质量和管理水平；19%的园区选择继续完善园区的公共服务平台体系；13%的园区致力于延长与完善园区的产业链（见图8）。

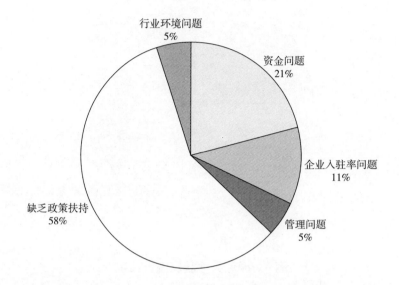

图7　园区发展问题

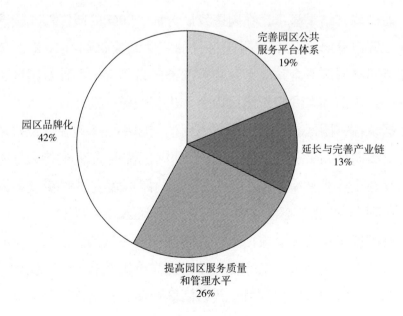

图8　园区未来发展方向

三　发展历程研究

文化创意产业园区根据其自身特点和发展历史大致可分为五个阶段。

第一代文化创意产业园区一般是在政府主导的前提下对历史保护建筑的有序开发，通过旅游文化开发来激发老街区的产业升级。第二代文化创意产业园区是艺术家利用具有历史价值的废旧工厂自发开发的艺术园区。第三代文化创意产业园区基本是在政府主导的基础上，对七八十年代的一些老厂区进行的示范性创意产业园区改造。第四代文化创意产业园区是在大力扶持文化创意产业发展的时候出现的，表现形式是新建的国家科技园区和大量民营资本开发的园区。第五代文化创意产业园区是真正在服务性产业定位下的服务企业所开发的园区，这样的园区的特点是投资成本可控，且效果很好，特别为中小创意企业提供了保姆式的发展服务。此外，第五代园区突出了人性化设计，实现了园区建筑低密度、低容积率、低高度和高绿化率，咖啡厅、休息室、书吧等各项服务设施周全到位，为工作人员激发头脑活力、提高创造能力提供了完美的硬件支持。

根据以上园区发展阶段的分类标准，青岛市已建成的主要文化创意产业园区总体概况如下。

第一代文化创意产业园区包括：青岛浮山所 1388 文化街、青岛劈柴院民俗文化风情街、青岛海云庵民俗文化街区。第二代文化创意产业园区暂缺。第三代文化创意产业园区包括：创意 100 文化产业园、青岛中联创意广场、青岛 1919 创意产业园、青岛四方啤酒文化街、青岛老转村齐鲁文化创意产业园。第四代文化创意产业园区包括：青岛国际动漫游戏产业园、青岛名家美术创作园、青岛软件园、湛山创意工厂、青岛中联U谷2.5产业园、青岛市出版物和文化产权交易中心、青岛天都茶文化城、青岛金石文化产业园、青岛达尼画家村、青岛国际版权交易中心、青岛唐岛湾海上嘉年华、青岛国际工艺品城、城阳婚庆创意产业园、青岛宝龙乐园、青岛方特梦幻王国、港中旅（青岛）海泉湾度假区。第五代文化创意产业园区包括：创意G20·青岛国家广告产业园区（总部区）、青岛文化创意产业基地。

文化创意产业园区的升级换代是与国内文化产业市场的发展和政策的完善相形相伴的。从表7可知，与北京、上海相比，青岛市文化创意产业园区虽然发展时间并不长，但是在短时间内同样呈现出了清晰的脉络。

作为第一代文化创意产业园区的代表，上海新天地向人们展示了品味独特的海派文化，成为展现上海历史文化风貌的代表性旅游景点。同样，带有浓郁青岛历史文化风味的第一代文化创意产业园区也呈现了良好的发展势头，其中，青岛劈柴院民俗文化风情街已成为青岛著名旅游景点，海云庵民俗文化街区和浮山所1388文化街的节庆活动也产生了较大的影响。

由于青岛市不具备北京、上海那种得天独厚的艺术氛围，因此，第二代文化创意产业园区在青岛市并未出现。真正引领青岛文化产业迈出实质性发展步伐的是以创意100文化产业园为代表的第三代文化创意产业园区的建设。第三代文化创意产业园区利用最新的设计理念对老旧产房进行改造，在寸土寸金的城市中心地带为文化产业开辟出了第一代发展基地，因此，第三代文化创意产业园区的投入成本和竞争压力都比较小，而且由于很多老旧厂区已经被新城市包围，所以其地理位置十分优越。比如，创意100产业园就位

表7 青岛市文化创意产业园区概况——以园区发展阶段为视角

园区发展阶段	国内代表性园区	园区汇总
第一代	上海新天地	青岛浮山所1388文化街 青岛劈柴院民俗文化风情街 青岛海云庵民俗文化街区
第二代	北京798 上海M50	——
第三代	上海8号桥 1933老场坊 红坊 名仕街	创意100文化产业园 青岛中联创意广场 青岛1919创意产业园 青岛四方啤酒文化街 青岛老转村齐鲁文化创意产业园
第四代	张江高科园区 紫竹园区 尚街loft	青岛国际动漫游戏产业园 青岛名家美术创作园 青岛软件园 湛山创意工厂 青岛中联U谷2.5产业园 青岛市出版物和文化产权交易中心 青岛天都茶文化城 青岛金石文化产业园 青岛达尼画家村 青岛国际版权交易中心 青岛唐岛湾海上嘉年华 青岛国际工艺品城 城阳婚庆创意产业园 青岛宝龙乐园 青岛方特梦幻王国 港中旅(青岛)海泉湾度假区
第五代	易园 深圳设计之都创意产业园	创意G20·青岛国家广告产业园区(总部区) 青岛文化创意产业基地

于青岛市最繁华的市南区南京路上,优越的地理位置为园区的发展打下了天然的良好基础。经过近6年的运营,创意100已经成为青岛文化产业的一面旗帜。与之相对的青岛1919创意产业园则由于

交通不便，导致人流量不足，陷入了困境。由于第三代园区的投入成本较少，竞争压力较小，因此其发展状况往往取决于地理位置。

随着国家对文化产业支持力度的加大和民营资本的涌入，第四代文化创意产业园区在全国各地纷纷涌现。青岛市目前已有的文化创意产业园区中，第四代园区的数量最多——达到园区总数的62%；质量最高——几乎包揽了所有大型园区。青岛国际动漫游戏产业园、青岛软件园、青岛中联 U 谷 2.5 产业园等是青岛市第四代园区的代表，目前这些园区的发展不温不火，既没有衰落，也没有跃进。究其原因主要有两点。第一，园区上马仓促，运营管理理念落后，服务不全面，大多数小型创意企业并没有得到园区很好的扶持。第二，由于政府只能主导政策，无法主导园区服务，因此第四代园区的角色大都停留在二房东的境界上，只能提供基本的租房服务。从积极意义上看，第四代园区的建设让文创产业的能量真正被激发了出来，让地方政府和企业双双找到了新的发展方向，同时为第五代文化创意产业园区的出现做出了宝贵的经验积累。

目前，第五代文化创意产业园区已经在青岛出现，青岛国家广告产业园将作为第五代园区的代表，为青岛未来的文化创意产业园区建设树立一面旗帜，打开第五代园区建设的先河，为文化产业界最广阔的中层层面的企业提供优越的软硬件支持，从而带动青岛市文化产业的整体前进。

四 发展类型研究

在我国，根据文化创意产业园区的性质，大致可以分为五类。第一，产业型。一是独立型，此类园区的产业集群发展相对比较成熟，有很强的原创能力，产业链相对完整，形成了规模效应；二是依托型，园区依托高校发展，也形成了一定的产业链条。第二，混合型。这种类型的文化创意产业园往往依托科技园区，并结合园区内的优势产业同步发展文化产业，但园区内并未形成文化产业链条。第三，艺术型。这种类型的园区也是创作型园区，原创能力强，但艺术产业化程度还较弱。第四，休闲娱乐型。这类文化创意产业园区主要满足当地居民及外来游客的文化消费需求。第五，地方特色型。如北京高碑店传统民俗文化创意产业园、潘家园古玩艺术品交易区等。

根据以上园区性质的分类标准，青岛市已建成的主要文化创意产业园区总体概况如下。

产业型的文化创意产业园区包括：创意100文化产业园、青岛老转村齐鲁文化创意产业园、湛山创意工厂、青岛市出版物和文化产权交易中心、青岛天都茶文化城、青岛金石文化产业园、青岛达尼画家村、青岛国际工艺品城、城阳婚庆创意产业园。混合型的文化创意产业园区包括：青岛1919创意产业园、青岛国际动漫游戏产业园、青岛软件园、青岛中联U谷2.5产业园、青岛国际版权交易中心、青岛文化创意产业基地、创意G20·青岛国家广告产业园区（总部区）。艺术型的文化创意产业园区包括：青岛名家美术创作园。休闲娱乐型的文化创意产业园区包括：青岛四方啤酒文化街、青岛中联创意广场、青岛海云庵民俗文化街区、青岛劈柴院民俗文化风情街、港中旅（青岛）海泉湾度假区、青岛唐岛湾海上嘉年华、青岛宝龙乐园、青岛方特梦幻王国、青岛浮山所1388文化街。地方特色型的文化创意产业园区暂缺（见表8）。

表8 青岛市文化创意产业园区概况——以园区发展阶段为视角

园区性质	园区汇总
产业型	创意 100 文化产业园 青岛老转村齐鲁文化创意产业园 湛山创意工厂 青岛市出版物和文化产权交易中心 青岛天都茶文化城 青岛金石文化产业园 青岛达尼画家村 青岛国际工艺品城 城阳婚庆创意产业园
混合型	青岛 1919 创意产业园 青岛国际动漫游戏产业园 青岛软件园 青岛中联 U 谷 2.5 产业园 青岛国际版权交易中心 青岛文化创意产业基地 创意 G20·青岛国家广告产业园区（总部区）
艺术型	青岛名家美术创作园
休闲娱乐型	青岛四方啤酒文化街 青岛中联创意广场 青岛海云庵民俗文化街区 青岛劈柴院民俗文化风情街 港中旅（青岛）海泉湾度假区 青岛唐岛湾海上嘉年华 青岛宝龙乐园 青岛方特梦幻王国 青岛浮山所 1388 文化街
地方特色型	—

由图9可知，青岛市文化创意产业园区类型主要为产业型、混合型和休闲娱乐型，其中产业型园区占35%，休闲娱乐型园区占35%，混合型园区占27%，艺术型园区和地方特色型园区尚处于起步阶段。

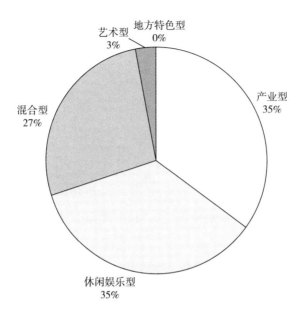

图9 青岛市文化创意产业园区类型分布

产业型的文化创意产业园区重在产业链的打造，该类型的园区又可进一步划分为两类：独立型和依托型。独立型园区需要大批富有创造性的创意人才，在人才的基础上形成较为成熟的产业集群；依托型园区则需要依托当地高校的科研资源，形成科技含量较高的产业链。青岛市处于中国东部沿海地区，具有优良的港口，因此与其他地方的贸易往来较为频繁，这一方面促进了青岛地区的经济发展，为文化创意产业园区建设打下了坚实的经济基础；另一方面，位于沿海地区的青岛市相比内陆地区能够更早地接受外来文化的影响，文化观念具有较强的包容性和开放性，培养出了大批创意人才，加上中国海洋大学、青岛大学、山东科技大学、青岛农业大学、青岛科技大学等一批具有较强实力的高校汇集于此，为青岛市产业型园区的发展提供了得天独厚的条件。

混合型文化创意产业园区大多需要依托当地的科技园区，所以具有较强科技能力的省份和城市能建造更多的混合型园区。青岛市的科技能力突出，实施了一批文化领域科技项目。比如创新实施了数字电视双国标、数字出版项目、数字广播、数字电视、数字印刷、手机报、手机阅读新媒体、全国三网融合综合试点及建立了10大产学研用一体化的文化产业科技创新中心等。青岛市的科技和文化融合能力也已得到了社会各界的肯定，培育和壮大了一批文化科技企业，促进了一批龙头企业和自主品牌的形成，成功申请了国家级科技和文化融合示范基地。此外青岛的电子游戏业、动漫业等与文化交叉的高科技产业都是青岛的优势产业，因此，青岛市在建立混合型文化创意产业时具有相当大的资源优势。

休闲娱乐型的文化创意产业园区旨在满足人们的文化消费需求，目前这类园区在国内尚处于起步阶段，但已经呈现出良好的发展态势。休闲娱乐型的文化创意产业园区在北京和上海分布最多，这与当地的物质生活水平密切相关。只有当物质生活水平达到较高程度后，人们才有可能拨出一定的时间和金钱来进行休闲娱乐活动。青岛市休闲娱乐型的文化创意产业园区规模仅次于产业型和混合型，这与青岛市强大的经济实力息息相关。青岛市经济总量常年居于全国前列，雄踞山东省榜首，市区居民物质生活水平较高，逐渐引发人们在休闲娱乐上的消费需求。人们的消费需求进一步刺激了青岛市休闲娱乐型文化创意产业园区的繁荣。

艺术型的文化创意产业园区以创意人才为基础，但文艺作品的产业化难度较大。由于投入产出比较低，所以该类型的园区在中国的普及程度不高。目前国内只有一些特殊地区的艺术型文化创意产业园区得以发展起来，如江浙、广东、北京等地区。其中，浙江和广东均处于东南沿海地带，该地区的文化氛围相对开放，现代西方艺术对此地带的影响较为深远，因此出现了一些艺术型的园区，如

浙江杭州的 A8 艺术公社、广东深圳的大芬油画村。北京作为历代
王朝的都城，其独特的历史文化与现代西方艺术相融合，产生出一
种既传统又现代的文化艺术形态，如著名的北京 798 艺术区就是最
好的体现。由于青岛市立埠时间较短，尚未形成如江浙、北京这样
中西辉映的独特艺术文化体系，因此，青岛市的艺术型文化创意产
业园区尚未得以大发展，目前正处于摸索阶段。

地方特色型的文化创意产业园区主要依赖于当地特有的文化历
史资源，借助民俗风情、自然景观发展文化创意产业。地方特色型
文化创意产业园区所在的地区有一个共同的特点，即当地拥有悠久
深厚的历史文化底蕴或者秀美的自然风光。比如，云南的丽江古
城、北京潘家园古玩艺术品交易园区等。目前，青岛市地方特色型
的文化创意产业园区尚处于空白阶段，填补这个空白一方面需要深
入挖掘青岛市当地的文化历史资源，另一方面应正确处理文化和产
业的关系，对将来建设的地方特色型文化创意产业园区进行合理定
位，使青岛文化历史资源的价值最大化。

表9　青岛市已建成的主要文化创意产业园区汇总

区域	序号	园区名称	园区类型		建成时间（年）	园区面积（万平方米）	园区投资（亿元）	园区主要业态
市南区	1	青岛浮山所1388文化街	第一代	休闲娱乐型	2008	2.6	—	民俗文化表演、特色购物、休闲娱乐
市南区	2	青岛劈柴院民俗文化风情街	第一代	休闲娱乐型	2007	1.35	—	餐饮、文化、娱乐、古韵风情购物、老街观光旅游
市北区	3	青岛海云庵民俗文化街区	第一代	休闲娱乐型	2010	2.5	—	系列文艺专场演出、非物质文化遗产项目的展演展示

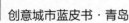

续表

区域	序号	园区名称	园区类型		建成时间（年）	园区面积（万平方米）	园区投资（亿元）	园区主要业态
市南区	4	青岛中联创意广场	第三代	休闲娱乐型	2009	3.3	3.0	餐饮、休闲、娱乐、创意办公
市北区	5	青岛四方啤酒文化街	第三代	休闲娱乐型	2009	4.0	3.5	休闲娱乐、旅游观光
市南区	6	创意100文化产业园	第三代	产业型	2006	2.3	0.3	广告、设计、服装、影视、休闲、饮食、旅游
市南区	7	青岛老转村齐鲁文化创意产业园	第三代	产业型	2010	0.03	—	餐饮、民俗文化展示
市北区	8	青岛1919创意产业园	第三代	混合型	2009	15.6	—	设计、展览展示、学术交流、知识产权服务
黄岛区	9	青岛唐岛湾海上嘉年华	第四代	休闲娱乐型	2010	35.0	—	特色餐饮、休闲、购物、娱乐
城阳区	10	青岛宝龙乐园	第四代	休闲娱乐型	2007	5.0	—	休闲娱乐、餐饮
城阳区	11	青岛方特梦幻王国	第四代	休闲娱乐型	2012	70.0	—	休闲娱乐
即墨市	12	港中旅（青岛）海泉湾度假区	第四代	休闲娱乐型	2011	186.7	50	休闲娱乐、餐饮、文化旅游观光
市南区	13	青岛名家美术创作园	第四代	艺术型	2009	1.0	—	艺术研究、艺术创作、策划、展示
市南区	14	青岛国际动漫游戏产业园	第四代	混合型	2008	10.0	6.3	动漫、设计、影视、广告
市南区	15	青岛软件园	第四代	混合型	2004	26.0	—	软件、网络、电子科技、服务外包、教育培训

续表

区域	序号	园区名称	园区类型		建成时间(年)	园区面积(万平方米)	园区投资(亿元)	园区主要业态
市北区	16	青岛中联U谷2.5产业园	第四代	混合型	2007	3.3	—	服务外包、软件与网络、电子科技
黄岛区	17	青岛国际版权交易中心	第四代	混合型	2012	13.4	10.0	研发、制造、发行、会展、公共服务、体验、娱乐、商业
市北区	18	湛山创意工厂	第四代	产业型	2013	0.9	—	动漫、设计、影视、广告
市北区	19	青岛市出版物和文化产权交易中心	第四代	产业型	2011	3.0	—	文化产品的版权申请、登记、抵押与转让
市北区	20	青岛天都茶文化城	第四代	产业型	2012	1.9	—	餐饮、文化旅游、特色购物
崂山区	21	青岛金石文化产业园	第四代	产业型	2010	5.0	2.5	展览展示、文化产品交易、企业孵化
黄岛区	22	青岛达尼画家村	第四代	产业型	2006	20.0	—	绘画、展示、教育培训、休闲、疗养
城阳区	23	青岛国际工艺品城	第四代	产业型	2007	4.3	—	饰品研发、销售、生产、展示
城阳区	24	城阳婚庆创意产业园	第四代	产业型	2007	1.3	0.7	婚纱摄影、婚纱礼服、专业婚庆公司、婚礼方案设计、蜜月及新婚旅游
城阳区	25	创意G20·青岛国家广告产业园区(总部区)	第五代	混合型	2012	80.0	70.0	数字影视摄制、国际文化交流、商品展销、绿色创意设计制作
城阳区	26	青岛文化创意产业基地	第五代	混合型	2012	—	48.0	影视动漫、创意人才培训孵化园、服务外包

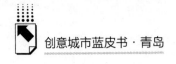

五 存在的问题

（一）服务平台不完备

公共服务平台的作用就是整合优化各类资源来满足企业的共性需求，从而达到减少企业重复投入、提高资源效率、加强信息共享的目的。完善的公共服务平台可以大量减少入驻企业的投入，做到省时、省力、省成本，并可作为招商引资中最有吸引力的一大优势。通过调研发现，青岛市部分园区出于租金成本和工作需求的考虑，在园区服务平台的建设上先天不足，投融资、技术研发检测、公共检验检测、公共信息、公共展示、人才培训等基本服务平台的建设不完备。此外，园区已建成的平台也面临着服务能力不足，无法适应战略性新兴产业发展需求等问题。

（二）高端创意人才匮乏

文化创意产业的价值创造主要来源于人的高智力思维活动，没有了创意人才，文化创意产业的发展也将无从谈起。目前，文化创意产业竞争已经进入了"创意决定胜负"的阶段，高端创意人才已成为决定文化创意产业发展状况的关键因素。但从本课题组对青岛市各文化创意产业园区的调查情况来看，高端创意人才的缺口已经不容忽视，各园区在引进国内外著名创意团体和创意人才方面存在明显不足。

（三）产业链不完整

青岛市已经打造的数十个文化创意产业园区中，大部分园区的建设存在着误区，其中的共同问题就是缺乏完整的产业链。文化创意产业链的结构比传统产业链更为复杂，它不再是简单的上下游关系，而是以市场为导向、以创意为核心的价值创造链，具体包括内容创意、内容创意复制、为内容创意输入和复制提供设备和市场营销四个环节。但青岛各文化创意产业园区之间以及园区内部企业之间都尚未形成较为清晰的产业链。

（四）园区管理缺失

经调查，大部分园区认为自身的管理水平有待进一步升级。青岛现有文化创意产业园区在行业类型、规模大小、软硬件配置水平等方面均有一定的差异，而政府对文化创意产业的扶持政策尚不完善，导致各园区的发展起点和机会不平等。此外，某些园区为了追逐短期的经济效益，放宽园区的进入门槛，致使非创意类企业的不合理涌入，从而导致园区的文化创意特质日益淡化，严重影响了园区的健康发展。

（五）园区功能定位不清、产业同构明显

全国的文化创意产业热潮激发了青岛各区市发展文化创意产业的热情，社会资本纷纷涌入该领域，各种文化创意产业园区竞相上马。然而一部分园区在规划建设之初就缺乏具体的功能定位，未能把握住青岛市各地区的文化资源和市场需求特点，主要集中在动漫游戏、广告影视、咨询策划、规划设计等少数热点领域，加剧了各区市之间的过度竞争。

六 发展建议

（一）加强园区规划

青岛的文化创意产业园区在规划建设上缺乏特色，跟风现象较

为普遍，导致园区产业形态相似，重复建设现象难以杜绝。因此在园区建设之前必须全面考察青岛市文化创意产业的发展现状、发展环境、发展趋势、市场前景等，综合考虑当地高等院校、休闲人居等因素，在充分利用青岛市历史文化资源的基础上合理规划园区的重点发展行业、业态分布以及园区的文化主题。在科学规划的基础上打造一批集聚效应明显、品牌影响力较强的创意产业集聚区，作为青岛发展文化创意产业的重要载体。

（二）完善服务平台

完善的服务平台建设对于园区推动新兴产业发展、完善产业服务体系、促进园区自主创新、实现园区的转型升级具有重要意义。园区的建设者在园区规划过程中就应认识到公共服务平台的重要性，可将部分建设资金用于产业配套，建设企业合作平台、人才培训平台、交流展示平台、投融资服务平台等。园区管理者应根据文化企业的发展需求，不断整合、优化和升级园区公共服务平台，重点增强公共服务平台在研究开发、工业设计、科技成果转化、知识产权服务等方面的服务支撑能力。

（三）加强高端创意人才的培养和引进

创意人才对于文化创意产业园区发展的重要性不言而喻。人才质量的高低直接关系到园区的兴衰，文化创意产业园区应把握好人才培养和人才引进两条渠道。首先，园区应努力成为文化企业和高校之间的桥梁，可以与企业和高校三方合作建立文化创意产业人才培育基地，以需求为导向培养紧缺型创意人才，既为学生提供了实践和提升能力的机会，也为企业搭建了寻找文化人才的平台。其次，园区应加强与海外高校和科研机构的交流合作。一方面利用海外优秀的教育培训平台，为园区培养具有国际视野的创意人才；另一方面积极出台优惠措施，提供良好的就业和创业环境，吸引海内外的高端文化创意人才回国就业。最后，园区应完善创意人才的资格认定制度，对文化创意产业领军人物和有潜力的青年才俊进行奖励和资助，吸引国内外高端创意人才入驻园区。

（四）建立标准化体系

国内文化创意产业的标准化体系建设尚处于起步阶段，经本课题组调研可知，青岛市各文化创意产业园区的发展水平参差不齐，尚未形成较为统一的园区服务标准，而在国内也还没有成熟的先例可以参照。因此，建议青岛市尽快加强文化创意产业园区的标准化研究，制定相应的标准，并组织引导各园区开展服务标准化的实践，不断完善标准化体系建设。争取在成熟的标准化体系下帮助园区提升服务水平，实现园区更好的发展。

青岛市版权产业发展研究

青岛市文化创意产业在"十一五"期间获得了突飞猛进的发展，文化创意产业增加值占GDP的比重一举突破了7%，远超全国平均水平，同时，大批文化创意产业园区和特色文化街区项目的启动，为青岛文化创意产业的发展蓄足了后劲。版权号称文化创意产业的灵魂，随着青岛文化创意产业的发展，与之息息相关的版权产业也得以迅速成长起来。

一 青岛版权产业发展探索及现状

作为以知识经济为背景产生并发展起来的版权产业，在国民经济中的地位和作用越来越重要，版权产业产值对GDP的贡献率不断提高，对城乡人口的就业贡献和贸易出口的贡献也不断增大。2010年，中国版权产业对GDP的贡献率已达到6.57%，对中国就业的贡献率达到6.8%，成为推动经济和社会发展的新的增长点。

版权产业的强势发展引起了青岛市的高度重视，全市以创建"国家版权保护示范城市"为契机，积极探索实践青岛版权工作的长效机制，并取得了令人瞩目的成绩。目前，青岛市版权产业的发展已处于全国领先地位，先后获得"全国版权示范城市"和"世界知识产权组织保护金奖"等一系列国家级和世界级最高荣誉。

（一）青岛版权产业发展探索

1. 出台相关政策

2009 年，青岛市政府工作报告中正式提出了"争创国家版权保护示范城市"的发展目标，同年，"青岛市创建全国版权示范城市工作领导小组"成立，制定了《青岛市创建全国版权示范城市实施方案》。2010 年，制定了《青岛市版权发展十二五规划》。此外，青岛市委市政府相继出台了《关于增强自主创新能力，推进创新型城市建设的意见》《青岛市加快文化产业发展的若干政策》等一系列支持版权产业发展的政策措施。

2. 加大资金支持

青岛市于 2008 年设立了文化发展专项资金，主要用于支持文化创意产业的发展，该专项资金中用于支持版权产业发展的数额累计达 1 亿元。《关于青岛市金融支持文化创意产业发展的指导意见》的签署将为青岛文化类企业提供 100 亿元的信贷支持，《文化创意产业版权质押贷款指导意见》的出台使青岛文化创意企业可以通过"版权质押"向银行贷款。此外，文化创意企业也纷纷借助各种平台与青岛的商业银行签署融资协议。

3. 强化版权司法监管

青岛市公安和检察系统已经在打击制裁著作权犯罪方面取得了一定的经验和良好的成效。青岛市中级人民法院的知识产权审判庭也已经成为集知识产权刑事、民事、行政三种职能于一身的知识产权综合审判庭。2010 年青岛市组建了文化市场行政执法局，进一步加强了版权的行政监管。

4. 提高综合管理水平

由青岛市版权行政管理部门牵头，青岛市知识产权局、海关、中级人民法院、公安局、工商局等相关部门联合签署《加强知识产权保护协作协议书》，在此基础上形成了知识产权协作联络、联合执法、案件移送、交流合作和专业研究四大工作机制。

5. 完善公共服务体系

青岛市不断加强全市版权公共服务体系建设，在版权登记、调解机制、社会服务机构建设、版权贸易基础建设等方面取得良好成效，为全市版权创意产业发展奠定了坚实基础。2011年，组建成立了"青岛市版权保护协会"，联合青岛市德衡律师集团事务所共同设立了省内第一条专业版权保护法律服务专线——"青岛市版权保护法律服务专线"。

青岛市在创意100产业园、市南软件园、高新区软件园、动漫创意基地、中联2.5创意产业园等园区设立了版权工作站和专门的联络员，为园区企业提供个性化版权工作公共服务，已成为青岛市版权产业集群化发展的重要标志。

6. 推进软件正版化

青岛市文化执法局在版权保护领域不断加大力度，在全国率先完成政府系统软件正版化整改的基础上，积极推进企业软件正版化整改，2012年138家国有企业、上市公司、金融行业等重点骨干企业基本实现软件正版化，在全国名列前茅。同时，通过树立典型、示范引导的方式，树立了一批在软件正版化整改方面工作突出的企业单位作为"版权保护示范单位"，引导全市社会各界加强版权保护，拒绝盗版、使用正版。2012年，青岛市有14家企业（园区）被评为山东省"版权保护示范单位"，51家企业（园区）被评为青岛市"版权保护示范单位"。市文化市场行政执法局被世界知识产权组织授予"2012世界知识产权组织版权金奖（中国）——保护奖"。

7. 完善宣传培训机制

青岛市提出了"进机关、进企业、进学校、进社区、进园区"的版权宣传工作思路，在"五进"思路的指导下开展版权宣传培训工作，并取得了以下成效。第一，将版权知识列入青岛市干部培训计划，举办了版权知识讲座和版权知识竞赛等活动；第二，鼓励青岛企业建立自身的知识产权保护机制，并在企业内部开展版权知识普及工作，海尔集团已建立了知识产权立体六项保护机制，并被国家版权局评为全国首个"国家版权保护示范企业"称号；第三，在学校开展了"拒绝盗版、从我做起——中学生版权保护主题教育"和"从我做起、远离盗版"青岛市青少年巡回签名等活动；第四，举办了"软件正版中国·青岛体验行动"等活动；第五，青岛市多家文化创意园区先后制定了版权管理制度，设立了版权工作站。

（二）青岛版权产业发展现状

1. 已成长为青岛的支柱产业

近年来，青岛市版权作品登记量大幅度增长，年均增长20%以上，2012年版权登记数量超过3000件，在山东省排名第一。2012年，青岛市版权创意产业增加值达510多亿元，同比增长20%以上，版权创意产业增加值占地区生产总值的比重超过7%，已成为青岛的支柱产业。

2. 初步形成了较为完整的版权产业体系

按照WIPO的界定，版权产业是指版权可发挥显著作用的活动或产业，包括核心版权产业、部分版权产业、相互依存的版权产业与非专用支持产业四大类。目前，青岛市的版权产业已经基本涵盖了以上四大类。其中，青岛市的核心版权产业包括了新闻出版、音乐戏剧、电影与录像、广播电视、摄影、软件与数据库等主要门类;部分版权产业涵盖了服装、纺织品与鞋类,珠宝与钱币,家具,玩具与游戏,室内设计,博物馆等主要门类;相互依存的版权产业包括电视机、收音机、录像机、CD 播放机、DVD 播放机、磁带播放机、电子游戏设备以及其他类似设备、计算机和有关设备等;非专用支持产业涵盖了发行版权产品的一般批发与零售、一般运输产业、电话与互联网产业。

3. 打造了专业的版权交易平台

2011 年,青岛市打造了山东省首个国家级版权交易中心——青岛国际版权交易中心。该项目投资总额约 10 亿元人民币。项目投入运营后,每年可实现销售收入 30 亿元,实现税收收入 5000 万元,并带动影视、动漫、软件、3G 服务、文化传媒和网络游戏等相关产业的发展。

青岛国际版权交易中心有限公司是山东省第一家国家级版权交易中心,是区别于传统有形产品的交易中心,是专门为朝阳新兴产业服务的综合性公共服务平台,是为以版权为核心的创意文化产品,包括软件、音乐、动漫、影视、设计、广告、图片、文字、图形、雕塑等,提供确权、登记、评估、交易、推广、保护、质押、投融资、咨询、贸易、培训和产业园运营的全方位服务的综合航母。

青岛国际版权交易中心已经是山东省第一个、全国第二个国家级、权威性、国际化的版权服务综合平台,已列入山东省"十二五"规划重点项目,它是第一个"中国版权保护中心"在全国设置的综合性版权产业试点基地,是国资参股的地方权威公共服务机构,是一个以软件外包服务业和创意文化产业为服务对象的综合性公共服务平台,为山东半岛蓝色经济的发展和全国版权创意文化产业的创新突破，为加强中国与世界创意文化产业界的沟通，搭建起了有力的平台。

青岛国际版权交易中心自成立以来，与中国音乐著作权协会、中国电影著作权协会、人民大学科技园、FAB 精彩集团、海信等知名企业签约，已服务青岛市企业 500 多家，注册版权（软件）120 多件，专利商标代理 100 件以上，版权交易额 400 多万元，并将青岛市的国家级软件著作权发证速度由过去的 25 天提升至最快 2 天取证，大大地促进了青岛市的软件和服务外包产业的发展，带动相关年产值 3 亿多元，已跻身全国版权产业综合性权威机构前三名。

4. 出现了专业的版权咨询机构

自 2010 年开始，版权平台的基础性工作已经发生明显转变，越来越多的文化企业意识到版权维护的重要性，企业进行版权咨询的案例不断增多，2010 年能够主动对产品申请版权保护的文化类企业或个体的数量同期增长 20%～30%。

面对版权市场的发展，青岛市出现了专业的版权咨询机构——青岛市立版权登记中心。目前，该中心已经接手了数十件咨询案例，其中，文学作品在其接手的著作权登记类别中占六成，动漫软件类占两成，建筑设计、音乐作品等其他门类约占两成，摄影作品的总数占前三位。

5. 版权保护执法工作取得巨大成就

2012 年青岛市文化市场行政执法局开展了出版物市场净化、正版普及、阳光网吧、文明娱乐、高雅艺术、文化遗产保护和健康视听 7 大工程，突出抓好清理整治"黑网吧""黑印刷（复制）""黑出版（发行）""黑娱乐场所"等 11 项重点工作。2012 年共出动执法人员 10.9 万人次，执法车辆 3.6 万车次，检查文化经营单位 5.3 万家, 共实施行政处罚 1400 余起, 罚款 750 多万元, 查缴各类非法出版物 91.65 万余册(盘), 取缔网吧、娱乐场所等各类无证经营场所 80 余家, 清理取缔各类无证照经营摊点和游商地摊960 余个, 拆除没收非法卫星电视接收设施 7800 余套, 维护了文化市场良好秩序, 促进了版权产业的发展。

二　国家版权示范城市比较研究

　　国家对于版权城市的基本要求主要包含以下七个方面。第一, 重视版权保护工作, 将版权保护工作纳入城市国民经济和社会发展的议事日程; 第二, 注重版权保护组织和队伍建设, 有健全的司法审判、行政管理、社会服务等组织机构和干部队伍; 第三, 具有形成规模的新闻出版、工艺美术、广播影视、广告设计、文学艺术、文化娱乐、计算机软件、信息网络等版权相关产业的产业带、产业集群或产业园区, 有鼓励和扶持版权相关产业发展的政策; 第四, 构建了完整的版权产业统计制度, 软件登记和作品登记数量处于每年递增的态势, 并在本省内处于领先地位; 第五, 版权市场规范有序, 没有形成侵权盗版的复制品制作销售的集散地, 具有较强的保护知识产权、打击侵权盗版行为的能力; 第六, 政府部门率先使用正版软件和其他正版产品, 并推进本地区事业单位也换装正版软件; 第七, 具有完善的版权宣传和培训机制, 以及良好的版权保护氛围。

　　目前我国的版权示范城市除了具备国家要求的基本条件外, 在版权工作上各具特色: 杭州市的版权相关产业集群发展良好, 成都市的版权创造能力比较突出, 青岛市的版权执法形式独具特色, 苏州市的软件正版化工作成果突出(见表1)。

表1　全国版权示范城市版权工作比较

全国版权示范城市	版权工作特色	版权工作重点
杭州市	拥有国家数字出版产业基地、国家数字娱乐产业示范基地,版权相关产业发展良好	创新创优宣传手段、创新创优版权保护执法模式、创新软件正版化工作思路、创新服务理念、创新版权保护管理模式、创新创优版权保护工作目标、创优版权管理机构设置
成都市	全面提高城市版权创造、运用、保护和管理能力,推进高端产业发展和促进产业高端化	建立健全全民版权宣传培育体系、版权管理体系、版权保护体系、版权服务体系
青岛市	先后下发了《关于增强自主创新能力推进创新型城市建设的意见》等文件,并创造性地采用委托执法的形式将版权执法延伸到区市	加强版权保护组织和队伍建设、做好政府和企业的软件正版化、建立科学的版权统计制度、做好版权宣传普及规划
苏州市	积极实施"版权保护工程",2011年在全国率先开展市级机关软件正版化检查整改工作	重点实施版权"五大工程":版权创造工程、版权运用工程、版权保护工程、版权管理工程、版权文化工程

在版权示范城市建设过程中青岛市主要在政府和企业的办公软件正版化上取得了一定的成绩。2010年,青岛市财政拨付近9000万元专项资金,为全市市、区(市)两级机关(包括党委、人大、政府、政协、法院、检察院)软件正版化共采购正版软件45834套,并于2010年底之前实现了在全国率先完成市、区(市)两级机关办公微机操作系统和主要办公软件正版率达到100%的工作目标。随后,企业使用正版软件工作也稳步推进,青岛港(集团)有限公司等12户国资委系统企业使用正版软件试点工作已全部完成。青岛港(集团)有限公司、青岛国际机场被评为"全国软件

正版化工作示范单位"。

此外，青岛市版权协会开始发挥出越来越重要的作用。首先，青岛市版权协会已经代替市文化市场行政执法局开展著作权作品免费登记活动，2012 年协会组织免费登记作品约 2000 件，为作者节约作品登记费用 300 余万元。其次，协会发挥出重要的协调作用，2012 年协会参与协调版权纠纷案件 27 件，涉案案值 3000 多万元，既维护了权利人的利益，也为企业减少了经济损失，缓解了社会矛盾。最后，协会的版权宣传作用日趋明显，2012 年，青岛市版权保护协会挂牌成立"青岛市青少年版权教育示范基地"，在青少年当中普及版权教育。协会积极向企业宣扬使用正版软件的理念，协会联系软件厂商向青岛市部分企业免费赠送正版设计软件 1.2 万余套，价值 7200 多万元。

与苏州、杭州、成都相比，青岛市版权工作还存在一定的不足之处，最明显的是缺乏系统的版权工作实施条例。苏州、杭州、成都均出台了《创建全国版权示范城市实施方案》，对版权工作的工作目标、工作重点、保障措施、工作安排等都做出了详细的规定和计划，为版权工作的开展提供了政策保障和相关依据。此外，苏州市在工作后期还出台了《苏州市创建全国版权示范城市 2011 年度工作总结》，对版权工作的得失进行了详细的统计分析，显示出了苏州市在版权工作上的规范性。青岛市缺乏相应的实施方案，版权工作缺乏总体规划和统计分析。

因此，版权示范城市的申请虽然已经尘埃落定，但是版权工作依然任重道远。青岛市应积极借鉴其他城市已取得的成绩，在已有版权产业集群的基础上继续丰富集群类型，提高青岛市版权创造、运用、保护能力，提高全社会对版权保护的认识度，完善版权保护制度，并出台相关的管理规定。

三　青岛版权产业发展的瓶颈

版权工作问题繁多、矛盾复杂，突出表现在两个方面。

（一）版权意识有待提高

首先，全社会对版权保护的意识有待提高。由于版权产业在我国属于新兴产业，社会公众对版权产业巨大的发展潜力还未形成足够的重视，没有意识到版权产业将逐步成为国民经济发展的重要动力，更没有意识到版权保护工作对版权产业发展的重要意义。虽然目前我国国民的版权认知度已从 2005 年的 60.6% 上升到了 2009 年的 74.6%，全社会的版权保护意识有了明显的提升，但距离"十二五"规划提出的 80% 以上的目标任务还有一定差距。因此，提升全民版权意识的工作不能停止，必须通过各种途径加强宣传和培训力度，努力提高社会公众对版权的认识度和版权保护意识。

其次，企业对版权作用的认识还处在起步阶段。目前青岛市多数企业的版权维权意识"只是止步于民间的相互间的不规范操作"，青岛市立版权登记中心负责人仲维明表示，"当版权方面的矛盾纠纷出现时，很多中小型企业的处理方式多为'自行和解，不了了之'"。对此，国际版权交易中心董事长安波认为"创意流失"的现象也普遍存在，"这主要是对版权保护的重要性认识不够"。安波认为，随着版权产业的发展，更多企业将会积极认识到版权保护的重要性。随着国际版权交易中心等大项目的落地，青岛版权产业将进入快速发展阶段。

（二）版权投融资体系亟须完善

青岛在全省率先出台的《文化创意产业版权质押贷款指导意见》中指出，青岛的文化企业据此可通过"版权质押"向银行贷款，但目前文化企业的版权质押贷款现状仍不容乐观，面对未知的风险，愿意向文化企业提供贷款的银行仍十分稀少。文化企业的贷款高门槛一直是困扰企业的问题所在，银行对文化企业的惜贷现象不仅仅局限于青岛，对全国来说都十分普遍。究其原因主要有三方面：第一是由于文化企业缺乏固定资产来作为贷款担保，难以得到银行对于其还款能力的信任；第二是国内资产评估机构对于版权等无形资产的评估尚在摸索阶段，相关评估指标、法律法规尚不健全；第三是由于版权等无形资产融资的担保体系和保险业务尚未成熟，涉及版权质押的贷款融资无法进入银行的主流业务。因此，完善版权评估体系、担保体系，对于解决文化企业融资难问题以及推动青岛市版权产业的繁荣发展具有重要意义。

四　青岛版权产业未来发展的建议

（一）提高社会公众对版权产业及版权保护的认知度

我国社会公众目前的版权认知度距离"十二五"规划提出的80%的目标尚存在一定的差距，版权保护的重要性尚未引起社会公众的足够重视，因此，必须利用各种渠道向群众宣传，提高人们对版权产业的认知度。版权产业统计部门可以将每年版权产业对青岛经济做出的贡献以统计数据的形式公开发布，让公众了解到版权产业的重要性，从而能深刻理解版权保护的重要意义。版权保护水平的高低直接影响到版权产业的健康有序发展。可以在版权产业企业内部设立专门的版权保护维权部门，定期组织律师、版权保护相关工作人员到企业讲解版权知识及版权保护与版权产业的关系。只有在提高全社会版权意识的基础上，不断完善版权保护法律法规，我国版权产业的未来才会更加光明。

（二）加大新兴版权产业的保护力度

随着科学技术的不断进步，新兴版权产业也必然随之诞生。由于版权法律是保障版权产业正常发展的重要支撑，因此，必须时刻关注科学技术的发展趋势，了解新技术对版权产业及版权保护工作的影响，根据新兴产业的发展要求，不断完善版权法等相关法律法规，保证版权法律保护体系能适应不断出现的新兴版权产业。

（三）积极融入我国版权评估体系的建设当中

目前，我国在版权评估方面还处于探索阶段。2012 年全国首家专业版权评估中心——中国人民大学国家版权贸易基地版权评估中心在北京成立，它的成立标志着我国版权评估正从理论探索向实践领域迈进，走出了我国版权评估实践的第一步。青岛市国际版权交易中心的成立为山东省打造了首个以版权为核心的投融资服务平台，该中心致力于为中小企业解决融资难问题，为银行解决无形资产难以界定价值、风险难以控制等问题。青岛市应以该平台的建设为契机，积极与北京方面合作，参与到探索建立版权评估体系的实践当中，对于畅通版权评估渠道、熟悉版权评估业务、推动青岛版权产业的发展具有里程碑式的意义。

（四）进一步完善版权融资担保体系

目前，国内在版权融资担保体系的建设方面已经有诸多尝试，有的城市鼓励成立融资担保公司，有的城市开始逐渐尝试源于美日等国的版权证券化。青岛市已经拥有一批有实力的担保公司，如青岛市担保中心有限公司等，但这些公司针对版权等无形资产交易的担保业务较少，这既需要政府的政策扶持也需要版权交易市场给予其信心，若版权交易市场能日趋完善，必将促使更多企业涉足版权融资担保领域。在政府政策的鼓励和支持下，青岛市民生银行、兴业银行、中信银行采取了积极行动，三家商业银行联合实施了三方联保机制，为文化企业的版权质押贷款提供了积极的支持。此外，青岛市刚成立的青岛国际版权交易中心已成为由商业力量主导的版权交易场所，目前已有不少企业和个人在该中心完成了版权注册，版权交易和质押也在推进中。

（五）鼓励保险公司推出版权交易保险业务

具有独特优点的保险介入版权产业将有助于促进二级交易市场的活跃，保护版权的经济价值，解决版权融资难的问题。因此，青岛市应出台相关政策支持各大保险公司为版权等无形资产的交易提供保险业务。2010年，中央宣传部、中国人民银行、财政部、文化部、广电总局、新闻出版总署、银监会、证监会、保监会9部委联合下发了《关于金融支持文化产业振兴和发展繁荣的指导意见》（以下简称《指导意见》）。《指导意见》提出要进一步推动保险产品和服务方式的创新。同年6月24日，国内乃至国际首个险种——著作权交易保证保险产品在北京诞生。该产品由信达财产保险公司推出，北京东方雍和国际版权交易中心担任独家代理人。青岛市已经拥有了国际版权交易中心和成熟的商业保险体系，具备推出该险种的基本条件。青岛市政府可借鉴中央和北京的经验，出台针对性的指导意见，引导青岛市保险机构联合版权交易中心推出具有青岛特色的保险产品。

（六）建立版权产业促进中心

加快成立青岛版权产业促进中心，促进以企业为主体、市场为导向、产学研相结合的版权产业健康发展。同时，加强与相关单位的合作，完善版权产业的统计体系，提高版权产业统计数据水平，促进版权产业健康发展。

B.16

青岛市文化创意产业政策研究报告

一 青岛市文化创意产业政策的背景与政策依据

文化创意产业政策是为了促进本国的经济繁荣和文化的可持续发展，综合运用经济手段、法律手段和必要的行政手段，调整文化创意产业关系、规范文化创意产业活动而制定的政策。无论是国家还是地区文化创意产业的发展都离不开完善的政策支撑体系。

近年来，我国出台多个涉及文化产业的政策性文件，在财税、金融、准入、土地等多方面扶持文化产业发展。十七届六中全会提出2020年将文化产业发展成为我国支柱性产业的目标，支持文化产业发展的财税政策迎来密集发布期。

中央已将发展文化产业提升至国家战略的高度，为贯彻这一战略指导思想，实现山东省打造文化强省的战略部署，青岛市委市政府积极向国内外文化创意产业先进城市吸取经验，在深入学习的基础上，依据青岛市的文化资源、经济布局和产业需求，制定出台了一系列文化创意产业规划文件和促进政策。产业规划的出台为青岛市文化创意产业的发展指明了方向，奠定了基调。金融、财政、税收、人才培养、文化单位体制改革等一系列配套政策的提出则切实推动了青岛文化创意产业结构的调整，优化了产业发展环境，进而达到转变青岛经济增长方式的目的。

二 青岛文化创意产业政策体系构成

青岛市已陆续制定颁布了一系列文化创意产业政策文件，从文件规定的内容看可分为几大类。一是文化创意产业规划类文件；二是全局性的综合经济政策（如开放市场、组建企业集团、建立现代企业制度等）；三是企业融资政策；四是财政支持政策；五是文化创意产业园区政策；六是人才鼓励政策。

（一）文化创意产业规划类政策

这些政策文件主要包括：《青岛市"十二五"文化产业发展专项规划》《青岛市文化产业发展专项规划（2008～2012）》《青岛市国民经济和社会发展第十二个五年规划》等。

上述规划类文件依托青岛市的区位优势、历史文化资源、经济发展现状、产业布局等现实情况，对发展青岛文化创意产业的指导思想、规划目标、发展战略、重点发展行业、产业布局以及产业链构成等做出了明确的规定。

（二）文化创意产业全局性政策

青岛市委市政府发布的全局性政策涉及的范围广泛，重要的文件包括：《关于实施三大跨越工程促进文化事业和文化创意产业繁荣发展的意见》《关于推进文化青岛建设打造文化强市的意见》《关于实施文化强市战略推动文化大发展大繁荣的意见》《青岛市促进文化创意产业发展若干政策》。

上述文件确立了青岛市坚持把社会效益放在首位、社会效益和经济效益相统一，实施大项目带动、骨干企业带动、科技带动、品牌带动和开放带动的文化创意产业发展战略；推动青岛进一步深化文化体制改革工作，构建充满活力、富有效率、更加开放、有利于文化科学发展的体制机制；提出从市场准入、土地和房屋、财税、投融资和文化消费5个方面对文化创意产业进行扶持。

（三）文化创意产业融资类政策

青岛文化创意产业项目的融资渠道狭窄，融资成本居高不下，极大限制了文化创意产业的发展。为解决文化创意产业融资难题，满足文化企业的发展需求，青岛市委市政府多次在政策文件中重点强调融资政策的改革。

新的融资政策精神主要反映在《文化创意产业版权质押贷款指导意见》和《青岛市金融支持文化创意产业发展的指导意见》，文件就缓解民营中小文化企业融资难现状、拓宽融资渠道问题提出了一些具体的政策性措施。

（四）文化创意产业财政资助类政策

财政支持主要通过财政的贴息、补助等方式来支持文化创意产业的发展，其核心功能是充分发挥政府对文化创意产业的引导和带动作用。青岛发布的此类政策主要包括《青岛市文化创意产业发展专项资金管理暂行办法》《青岛市文艺精品项目扶持奖励管理办法》《关于鼓励和扶持动漫创意产业发展的实施意见》。

（五）文化创意产业园区类政策

《青岛市文化创意产业园区认定管理暂行办法》、《青岛市文化创意产业重点项目认定管理暂行办法》和《青岛市优秀新业态文化创意企业认定管理暂行办法》从认定条件、申报认定程序、管理考核等方面对文化创意产业园区及入驻企业的相关认定管理工作提出了明确标准和要求。以上《办法》的实施，将使更多的文化创意园区从青岛市每年 1.5 亿元的扶持专项资金中获得支持。

《青岛市"千万平米"文化创意产业园区建设推进方案》将统筹市北区建筑创意产业园和工业设计产业园、李沧老工业区文化创意产业园、西海岸凤凰岛文化创意产业园和达尼文化创意产业园、城阳文化创意产业园、胶州少海新城和孝之源文化创意产业园建设，完成 80 个重点文化创意产业园区（基地）总计 1000 万平方米的建设任务，聚集文化创意企业 5000 家。

（六）文化创意产业人才类政策

《青岛市文化人才培养和引进计划》就如何引进高层次优秀文化人才，建设门类齐全、结构合理、富有活力的高层次文化人才队伍，做出了原则性的规定。从文化名家的引进和培养、文化拔尖人才的培养、非物质文化遗产传承人的培养三方面给出了具体的扶持措施。

三　文化创意产业政策实施成效

（一）文化创意产业体系日益完善

在一系列文化创意产业政策的引领下，青岛市积极实施大项目带动、骨干企业带动、科技带动、品牌带动、开放带动五大战略，推进文化与经济、社会、海洋、科技、旅游相融合，已经逐渐形成了具有青岛特色的较为完善的文化创意产业体系。

1. 文化创意产业集群化发展趋势初步显现

截至 2012 年，青岛市已建成文化创意产业园区 26 个，总投资额为156亿元，总建筑面积为225万平方米；建成特色文化街区18条，总长度达到15千米，集聚商家6000余家。此外，青岛市新规划文化创意产业园41个，开工建设面积为88.3万平方米，竣工面积为81.7万平方米，完成投资额27.1亿元。

2. 文化企业得以迅速成长

经过几年的发展，青岛市的文化企业已经超过1万家，涌现了一批文化领军企业和中坚力量。民营文化企业也有了较快发展，总数超过7000家，成为推动文化产业发展的生力军，并在动漫产业方面占据了主导地位。

3. 文化和科技进一步深度融合

青岛市作为首批国家级文化和科技融合示范基地，以数字家庭和数字社区、数字旅游、文化创意为代表的新兴服务业发展迅速。在文化创意、动漫游戏、数字新媒体、数字出版等新兴业态领域，共培育91家年销售额过亿元的文化企业。"十二五"期间，青岛将创建10个文化和科技融合示范基地，培育30个文化和科技融合示范企业，实施20个重大文化科技创新项目。

4. 多样化的区域性文化产业交易中心陆续建成

主要有四个方面的内容：一是建设了城阳国际工艺品城、山东路古玩城等七大专业性文化市场；二是形成了具有地区辐射力的青岛文化街综合交易中心和青岛翰墨泉电子出版物物流中心；三是积极承办文化产业交易节会，举办了中国国产电影交易会、青岛国际服装周等特色交易会；四是成立了青岛市文化创意产业协会、青岛出版行业协会等十大行业协会。

（二）文化体制改革顺利推进

从2009年开始，随着相关《方案》和《意见》的出台，青岛市的文化体制改革及政府机构改革工作进入具体实施阶段，有效地推进了管办分离，政府文化行政管理职能实现了根本转变。

1. 健全了岗位目标责任制

按照青岛市的统一部署，各个文化单位主动适应市场，积极引入市场手段，激发内部活力，普遍推行了干部、人事、分配三项制度改革，全面推行聘用制度和岗位管理制度。

2. 政府部门完成了职能调整

青岛市实行"三局合一"，整合市文化局、市新闻出版局、市广播电视局的行政管理职能，新组建了青岛市文化广电新闻出版局，组建了青岛市文化市场行政执法局，实现了文化市场的统一执法。

3. 经营性文化事业单位完成转企改制

青岛市共有33个经营性文化单位转企改制，新成立54个国有文化企业。2012年1月，报业、广电、出版传媒、网络、演艺等五大国有文化集团挂牌成立，在全国属于首创。其中，青岛出版集团改制后，资本规模、销售业绩大幅提升，综合实力位居副省级城市出版社首位。

2011年4月，青岛市被中宣部、文化部、广电总局、新闻出版总署授予"全国文化体制改革先进地区"称号。

四 青岛市文化创意产业政策比较研究及问题分析

（一）文化创意产业政策比较分析

1. 文化创意产业政策颁布数量比较

政策颁布的数量可以在一定程度上反映城市对文化创意产业的

重视程度。据统计，1997～2013 年，11 个城市制定并颁布的政策
总计 205 项，其中北京、深圳、广州、杭州、上海、成都位居青岛
之前，分别为 25 项、22 项、22 项、21 项、21 项、20 项，青岛为
19 项；天津、重庆、苏州、武汉位于青岛之后，分别为 16 项、16
项、15 项、12 项（见表 1 和图 1）。

表 1　各城市文化创意产业政策颁布数量

城市 数量 类别	规划	促进政策	实施意见	合计
北　京	6	8	11	25
深　圳	5	7	10	22
广　州	6	10	6	22
杭　州	7	6	8	21
上　海	4	4	13	21
成　都	7	7	6	20
青　岛	7	7	5	19
天　津	3	7	6	16
重　庆	6	5	5	16
苏　州	2	8	5	15
武　汉	6	3	3	12

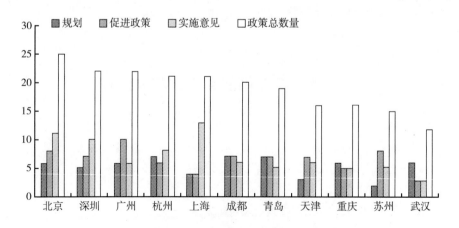

图 1　各城市文化创意产业政策颁布数量比较

与其他城市相比，青岛市出台的规划类政策较多，与杭州和成都并列为 7 项，位居所有城市的前列；出台的实施意见类政策较少，与重庆、苏州并列为 5 项，位居所有城市的倒数第二位。由此可见，青岛市的文化创意产业政策体系缺乏配套的细化政策以及各行业的实施细则，下一步需进一步加强此类政策的出台，制定重点文化产业行业促进条例。

2. 文化创意产业政策颁布时序比较

青岛市出台文化创意产业政策的时间段主要集中在 2007 年以后，而北京、杭州、广州、武汉、成都、深圳、重庆、苏州在 2007 年之前出台的政策数量分别为 6 项、5 项、6 项、2 项、1 项、6 项、4 项、3 项。青岛市在文化创意产业政策出台方面的后发优势比较明显，青岛市在 2007 年之后出台的政策数量仅次于上海（见表 2）。

表 2　文化创意产业政策颁布时序及数量

年份	北京	上海	杭州	广州	武汉	成都	深圳	天津	重庆	苏州	青岛
2003				3							
2004				1	2	1					
2005	1		5				3		2	2	
2006	5			2			3		2	1	
2007	6		2	7		3	1		4	1	1
2008	3		1	6		2	5	2	2		4
2009	6	2	4		1	2	2	2		1	4
2010	3	1	3		2	4	2	2	1	3	2
2011	1	12	5	1	3	6	1	6	1	6	4
2012		4			3	2	2	2	2		1
2013		2				1	2	1		3

3. 财政类政策比较

目前，国内各主要城市均加强了对文化创意产业的财政扶持力度，设立了文化创意产业专项扶持资金，由市财政每年拨付定额或不定额的资金用于支持本地区文化创意产业的发展。

在资金额度上，青岛市每年安排 2 亿元的文化事业和文化产业建设专项资金，其中公共文化服务和文艺精品创作资金 5000 万元，即每年用于文化创意产业的专项资金约为 1.5 亿元。北京、深圳、武汉、杭州的文化创意产业发展专项资金分别为 5 亿元、3 亿元、2 亿元、1.52 亿元。与其他城市相比，青岛市文化产业专项扶持资金的额度基本与杭州持平，低于北京、武汉和深圳。杭州明确规定专项资金根据实际需要逐年递增，上海和成都则根据文化产业项目的实际情况来灵活进行专项资金的安排，因此，在专项资金的额度和灵活度上青岛尚有进步的空间。

在资金资助方式上，青岛市主要采用股权投资、贷款风险补偿、奖励等方式，资助方式较为单一。北京、上海等城市在奖励、补贴等传统方式的基础上增加了政府购买服务、政府重点采购、后期赎买和后期奖励等，资助方式更为灵活多样。

在资金扶持范围上，青岛市与其他城市差别不大，专项资金主要用于扶持文化创意产业领域内的各行业、各重点企业、文化创意产业重大项目以及文化和科技、旅游融合发展的文化创意产业项目、文化创意产业发展平台建设等。

表 3 是各城市文化创意产业扶持资金概况。

4. 税收类政策比较

税收类政策对文化创意产业的发展具有重要的调节作用，优惠的税收政策可以大幅度减轻新办文化企业的负担，吸引有实力的龙头企业入驻园区，加速形成文化企业的集聚效应。税收政策是中央

表3 各城市文化创意产业扶持资金

	政策文件	资金额度	资助方式	资金扶持范围
青岛	《青岛市加快文化产业发展的若干政策》(2013)《关于实施文化事业和文化创意产业繁荣发展的意见》	设立了每年2亿元的文化事业和文化产业建设专项资金,其中公共文化服务和文艺精品创作资金5000万元	股权投资,贷款风险补偿、奖励	主要支持八大门类文化创意产业,符合青岛市文化创意产业,对经济社会发展具有较大带动作用的文化创意产业重点项目,包括"千万平米"文化创意产业园工程,规模化、集聚化、专业化程度高的市级以上文化创意产业园区,文化与科技、文化与旅游融合发展的具有战略性、先导性、带动性的文化创意产业项目,具有海洋文化元素、能够彰显青岛地方文化特色的文化创意产业项目等
北京	《北京市促进文化创意产业发展的若干政策》《北京市文化创意产业发展专项资金管理办法(试行)》	自2006年起,每年安排5亿元文化创意产业发展专项资金,分三年投入	贷款贴息,项目补贴,政府重点采购,后期赎买和后期奖励	专项资金主要支持文艺演出、出版发行和版权贸易、影视制作和交易,动漫与网络游戏研发制作和交易,古玩及艺术品交易,设计创意、文化旅游等文化创意产业。其中具有发展前景和导向意义的,自主创新的,拥有自主知识产权的创意项目是支持的重点
上海	《上海市促进文化创意产业发展财政扶持资金实施办法(试行)》《上海促进文化创意设计产业发展财政专项资金实施办法(试行)》	根据项目的功能定位、建设内容和资金投入总量等来确定专项资金资助额度,由市政府批准的财政专项资金安排	无偿资助,贷款贴息和政府购买服务	扶持资金主要用于支持文化创意产业公共服务平台建设、运营和发展,以及创意设计产业发展中的薄弱环节和关键领域,促进创意设计产业的市场化、规模化和国际化发展

续表

	政策文件	资金额度	资助方式	资金扶持范围
杭州	《杭州市文化产业发展专项资金管理办法》《关于统筹财税政策扶持文化创意产业发展的意见》	自2008年起,杭州市文化创意产业专项资金规模提高到每年1.52亿元,并根据实际需要逐年递增	奖励、资助和贴息	专项资金主要扶持市级文化单位和在杭州市税务部门登记、税收缴入市本级国库的文化单位的文化产业发展,适用于文化领域内重点项目建设、园区建设、产业孵化、动漫产业、理论研究等方面的资助与奖励,此外还涉及体育以及教育、卫生领域
武汉	《武汉市关于加快文化产业发展的若干政策》	自2013年起,武汉市财政每年安排不少于2亿元文化产业专项资金	贴息、补助、奖励	专项资金将资助新创办的文化企业、新组建的文化和科技融合专业孵化器、文化和科技融合专业公共服务平台建设、文化企业研发、文化产业重点项目等。专项资金对新引进平台申报的项目,新引进并经认定的文化产业、文化产品及服务以及文化科技创新体系龙头企业、参加市级以上组织的境外知名文化展会的文化企业进行奖励
成都	《成都市市级文化专项资金使用管理暂行办法》	根据支持项目的情况,由市政府批准的财政专项资金安排	项目补贴、专项资助、贷款贴息、奖励	文化产业项目投资、文化创意产业功能区建设、文化创意产业重点行业发展、文化创意产业平台建设、文化发展项目建设、文化事业单位转企改制
深圳	《深圳市文化产业发展专项资金管理暂行办法》	"十一五"期间,由市财政从市产业发展资金中安排文化专项资金总额3亿元,纳入每年的市财政预算	银行贷款贴息、配套资助、奖项资助、项目补贴	专项资金主要用于支持符合国家规定和列入我市产业目录的文化产业门类,重点扶持鼓励优先发展的有竞争优势的文化产业门类。专项资金主要资助对象包括文化产业基地、文化企业,经市政府批准的其他资助对象

根据经济和社会发展需求统一制定的，地方政府的可调节余地有限。因此，国内各城市执行的文化创意产业税收政策大同小异，主要包括：文化体制改革试点地区国有转企的经营性文化单位可以享受企业所得税、营业税、增值税、进口关税和进口环节增值税、城镇土地使用税、房产税减免的优惠政策；对生产重点文化产品进口所需要的自用设备及配套件、备件等，按现行税收政策的有关规定，免征进口关税和进口环节增值税等。

此外，各城市在贯彻国家税收法令制度的基础上，在可微调的地税领域，设计了一些灵活政策，但优惠内容大同小异。现有的财政税收优惠不够明显，并未彻底改变文化经营单位税负较重的现象，重复征税问题也未得到有效解决。

表4是各城市文化创意产业税收政策概况。

5. 投融资类政策比较

文化部在《文化产业发展第十个五年计划纲要》中明确提出要调整投融资政策，拓展文化产业筹资渠道，放宽各种社会资金投入国家鼓励发展的文化行业。针对文化市场不够繁荣、文化企业融资难等问题，各地政府也相继出台了一系列扶持政策，在拓宽融资渠道方面提出了一些具体的政策性措施（见表5）。

青岛的投融资政策比较完善，在减少企业行政审批费用、鼓励社会资本进入文化领域、鼓励文化产品进出口、吸引外资、文化企业改制、版权融资等方面均有涉及。与北京、上海、杭州、广州相比，青岛市的投融资政策在融资担保机制的建立和鼓励文化企业上市融资两方面缺乏更为详细的规定。此外，应出台政策支持符合条件的文化企业发行企业债券、公司债券和短期融资券，运用融资租赁、信托产品、资产证券化产品等金融工具降低融资成本；鼓励金融机构积极开发分期付款等新品种，扩大综合消费信贷投放，推动文化消费。

表 4　各城市文化创意产业税收政策

	政策文件	政策主要内容
青岛	《青岛市加快文化产业发展的若干政策》《青岛市促进文化创意产业发展若干政策》	1. 新办文化企业自工商注册登记之日起，免征 3 年企业所得税。 2. 文化产品出口可按照国家现行税法规定享受出口退（免）税政策，对在境外提供文化劳务取得的境外收入不征收营业税，免征企业所得税。对生产产品重点文化产品而引进先进技术或进口产品，免征进口关税和进口环节增值税。 3. 凡是拥有核心自主知识产权，并同时符合特定条件的文化产业高新技术企业减按 15% 的税率征收企业所得税。 4. 企业开发新技术、新产品、新工艺发生的研究开发费用支出，可以在计算应纳税所得额时加计扣除。 5. 图书馆、博物馆、文化馆（站）、纪念馆、美术馆、展览馆、书画院、文物保护等单位举办文化活动的门票收入和宗教场所举办文化、宗教活动的门票收入免征营业税。 6. 对文化企业发生的符合条件的广告费和业务宣传费支出，允许按国家税收规定标准在税前扣除。 7. 2008 年 12 月 31 日前，对因自然次灾害等不可抗力或承担国家指定任务而造成亏损的文化单位，经批准，可免征城镇土地使用税和房产税。 8. 承办国际性、全国性会展和文艺、体育等重大节庆活动的承办单位取得的广告收入，依法缴纳营业税，由税收入库地政府按一定比例给予补贴。
北京	《北京市促进文化创意产业发展的若干政策》	1. 在中关村科技园区内新办文化企业，被认定为高新技术企业，自获利年度起 2 年内免征，2 年后减按 15% 税率征收。 2. 对单位和个人在本市从事文化创意产业技术转让、技术开发业务和与之相关的技术咨询、技术服务取得的技术性服务收入，免征营业税。高等学校、科研机构从事文化创意产业的技术开发、技术咨询和技术服务所取得的技术性服务收入，暂免征收所得税。 3. 允许企业当年实际发生的技术开发费用的 150% 抵扣当年应纳税所得额，当年抵扣不足部分，可按税法规定在 5 年内结转扣除。企业提取的职工教育经费在计税工资 2.5% 以内的，可在企业所得税前扣除。 4. 具有自主知识产权和自主品牌文化创意的产品和服务的出口，按照国家税法规定享受国家税收、营业税，免征企业所得税。对在境外提供文化劳务取得的境外收入不征企业所得税，免征营业税。

续表

政策文件	政策主要内容
杭州 《关于统筹财税政策扶持文化创意产业发展的意见》	1. 对政府奖励新办的报业、出版、发行、广电、电影、放映、演艺等文化企业，免征3年企业所得税 2. 对经营有线电视网络的单位从农村居民用户中收取的有线电视收视费和安装费，3年内免征营业税 3. 由财政部门拨给事业经费的文化单位转制为企业，对其自用房产、土地免征房产税和城镇土地使用税 4. 对单位和个人从事技术转让、技术开发和与之相关的技术咨询、技术服务业务取得的收入，免征营业税、城建税、教育费附加和地方教育费附加 5. 对国家重点扶持、拥有核心自主知识产权、符合相关条件的高新技术企业，按15%的税率征收企业所得税 6. 创业投资企业采取股权投资方式投资未上市中小高新企业2年（含）以上且符合相关条件的，可按其对中小高新技术企业本年投资额的70%抵扣该创业投资企业的应纳税额 7. 对科研机构、高等学校转化职务科技成果，以股份或出资比例等股权形式给予科技人员的个人奖励，经主管税务机关审核后，暂不征收个人所得税 8. 企业研究开发新产品、新技术、新工艺所发生的各项费用，不受比例限制，计入管理费用
武汉 《武汉市关于加快文化产业发展的若干政策》	1. 对文化领域的高新技术企业，减按15%的税率征收企业所得税 2. 对文化单位和个人从事技术转让、技术开发和与之相关的技术咨询、技术服务业务取得的收入，免征增值税、城建税、教育费附加和地方教育附加 3. 文化企业为开发新技术、新产品、新工艺发生的研发费用，未形成无形资产计入当期损益的，在按照规定据实扣除的基础上，再按照研发费用的50%在企业所得税税前加计扣除 4. 企业发生的职工教育经费支出，不超过工资薪金总额2.5%的部分，准予在企业所得税前扣除；超过部分，准予在以后纳税年度结转扣除 5. 出口图书、报纸、期刊、音像制品、电子出版物、电影和电视完成片等，按规定享受出口退税政策 6. 对境内的单位或个人在境外提供文化体育业（播映除外）劳务取得的境外收入暂免征营业税 7. 为生产重点文化产品而进口国内不能生产的自用设备及配套件、备件等，免征进口关税和进口环节增值税

政策文件	政策主要内容
深圳 《关于加快文化产业发展若干经济政策》	1. 对政府鼓励的新办文化企业,自工商注册登记之日起,免征 3 年企业所得税。 2. 试点文化集团的核心企业对其成员企业 100% 投资控股的,经国家税务总局批准后可合并缴纳企业所得税。 3. 电影制片厂销售的电影拷贝收入免征增值税。电影发行企业向电影放映单位收取的电影发行收入免征营业税。 4. 文化产业企业实际发生的技术开发费,经税务部门核准,允许在税前扣除,技术开发费比上年增长 10%(含 10%)以上的,可再按技术开发费实际发生额的 50% 抵扣当年应纳企业所得税额。高等学校和科研机构服务于文化产业的技术成果转让、技术培训、技术咨询、技术服务、技术承包所取得的技术性服务收入暂免征收企业所得税。 5. 对从事数字广播影视、数据库、电子出版等研发、生产、传播的文化企业,凡符合国家现行高新技术企业所得税优惠政策规定的,可统一享受相应的税收优惠政策。 6. 鼓励和支持从事文化产品和文化服务出口业务。文化产品出口按照国家现行税法规定享受出口退(免)税。 7. 对在境外提供文化劳务取得的境外收入不征营业税,免征企业所得税。
广州 《关于企业研究开发费税前扣除管理试行办法的实施细则》 《关于企业所得税若干优惠政策的通知》	1. 认定高新技术企业所得税减按 15% 征收 2. 企业开发新技术、新产品、新工艺发生的研究开发费用支出,可以在计算应纳税所得额时加计扣除 3. 新创办软件企业经认定后,自获利年度起,享受企业所得税"两免三减半"的优惠政策 4. 对属于新办软件企业同时又是高新区内的高新技术企业,减税期间按 7.5% 的税率计算征收企业所得税,减免税期满后按 15% 的税率征税 5. 对增值税一般纳税人,销售其自行开发生产的软件产品,2010 年前按 17% 的法定税率征收企业所得税,对实际税负超过 3% 的部分即征即退 6. 对国家规划布局内的重点软件企业,当年未享受免税优惠的,减按 10% 的税率征收企业所得税 7. 软件企业人员薪酬和培训费用可按实际发生额在企业所得税前列支 8. 技术转让、技术开发业务和与之相关的技术咨询、技术服务合同,经合同登记后,免征营业税

表 5　各城市文化创意产业投融资政策一览表

	优惠政策	政策主要内容
青岛	《青岛市加快文化产业发展的若干政策》 《文化创意产业版权质押贷款指导意见》 《青岛市金融支持文化创意产业发展的指导意见》	1. 减少文化企业行政审批环节，简化审批手续 2. 重要新闻媒体经营部分剥离转制为企业，在确保国家绝对控股的前提下，允许吸收社会资本 3. 鼓励、支持、引导社会资本以股份制、民营等形式，放映、兴办影视制作、演艺、娱乐、发行、会展、中介服务等文化企业，并享受同国有文化企业同等待遇 4. 进一步放宽市场准入领域和条件，鼓励、支持、引导非公有资本投资文化产业 5. 鼓励和支持非公有制资本从事文化产品和文化服务出口业务，引导非公有资本投资文化产业 6. 鼓励、支持社会资本在国家政策允许的范围内，通过参股、控股、兼并、重组、收购等方式参与文化企业的改制 7. 通过股份制改造实现投资主体多元化的文化企业，符合条件的可申请上市 8. 金融机构对处于成长期、经营模式成熟、经济效益较好、有健全的知识产权工作机构的企业或国家、省、市重点推荐的文化项目优先开展版权融资服务 9. 青岛的文化创意企业可以自有或第三人合法持有的版权出质，从商业银行取得贷款
北京	《北京市促进文化创意产业发展的若干政策》 《北京市文化创意产业担保资金管理办法（试行）》	1. 政府进一步完善中小企业融资担保机制 2. 为文化创意企业在国内外资本市场融资创造条件 3. 市政府对文化创意产品和服务出口业绩突出的企业予以奖励 4. 培育辐射国内外的文化创意营销网络体系 5. 合作的担保公司为文化创意产业担保项目设定再担保的，担保资金按照一定比例对其再担保费用给予补贴 6. 根据文化创意产业项目担保规模对合作的担保公司给予担保业务补助，补助资金纳入担保公司文化创意产业项目担保总额的1% 7. 再担保费补贴和担保业务补助的总原则上不超过担保公司文化创意产业项目担保总额的1%，用于弥补文化创意项目的代偿损失

续表

	优惠政策	政策主要内容
上海	《上海市金融支持文化产业发展繁荣的实施意见》	1. 对优势文化行业和重点文化企业提供信贷支持 2. 金融机构将积极开发分期付款等新品种、扩大综合消费信贷投放，推动娱乐、广播影视、新闻出版、旅游广告、艺术品交易等行业的刷卡消费 3. 支持上海市文化企业通过债券市场融资 4. 进一步开发符合文化产业需求的保险产品 5. 促进文化产权交易市场的发展，支持上海文化产权交易所扩大服务半径
杭州	《杭州市人民政府办公厅关于加快推进我市文创企业上市创业板上市工作的实施意见》	杭州市积极鼓励文创企业上市，被认定为创业板上市培育对象的文创企业，可享受以下政策： 1. 可享受税收减免政策 2. 可享受文化产业、文化创意产业发展的相关扶持政策 3. 优先推荐参加杭州市高新技术企业、知名商号、著名商标的认定，以及各种评选活动 4. 对创业投资机构以股权方式投资培育对象的，视同投资国家鼓励发展产业或未上市中小高新技术企业，并享受相关扶持政策 5. 对股改期结束并办妥工商营业执照变更登记，或已向证监会上报发行申请材料的企业，由市文创办通过文化创意产业专项资金给予一定的奖励和支持
广州	《广州市进一步加快民营经济发展工作方案》	1. 建立多层次的企业信用担保体系 2. 建立担保机构的风险防范和绩效考评制度 3. 搭建银行、担保机构与企业的沟通平台 4. 抓住国家设立创业板市场的机遇，引导风险投资资金、产业投资基金对民营科技企业的扶持 5. 支持符合条件的企业发行企业债券、公司债券和短期融资券

（二）青岛文化创意产业政策存在的问题

在政策数量和政策内容上，青岛市出台的文化创意产业政策与其他城市差别不大，然而在政策类型以及后期的政策落实上，青岛市与文化创意产业发达城市相比还存在着一定的差距，主要体现在以下几个方面。

1. 组织协调不足，政策落实难度大

青岛市出台了《关于推动青岛市文化产业发展若干政策的意见》《青岛市人民政府关于鼓励和扶持动漫创意产业发展的实施意见》等一系列扶持政策，在政策数量上与文化创意产业发达城市差别不大。但在同等数量的政策支持下，青岛的文化创意产业格局并未像北京、上海、杭州、广州等城市一样发生大的变化，产业也没有获得突飞猛进的发展，究其原因，主要是由于政策的落实情况不尽如人意。

文化创意产业政策的执行涉及工商、财政、税务、人事、国土等诸多政府部门，协调难度较大。但是，青岛目前尚未成立一个跨部门的文化创意产业领导小组（或跨部门的文化创意产业促进委员会），政府各部门自扫门前雪，缺乏配合，产业政策成效的发挥受到诸多阻碍，导致政策难以落实。因此，若政府部门间不能建立起良好的沟通协调机制，仅靠文化部门独力推行，很难达到文化创意产业政策预定的发展目标。

2. 政策体系不健全

青岛的文化创意产业政策体系还不够健全，需要重点扶持的文化产业门类还有待进一步科学划分，在土地使用、财政支持、基础设施建设方面需要进一步出台专门的政策进行鼓励和扶持。此外，与其他发达城市相比，青岛缺乏对民营文化企业的专项扶持政策，例如，广州市出台了《市府办公厅关于印发广州市进一步加快民营经济发展工作方案的通知》，青岛尚未就民营文化企业的发展出台专门的文件。虽然在一些文件中也提到了部分鼓励发展民营文化企业的政策措施，但民营文化企业尚未形成与国有文化企业平等竞争的态势，在规划建设、土地征用、规划减免、从业人员职称评定等方面，还不能与国有文化单位一视同仁。

3. 有针对性的配套政策缺乏

通过比较可发现，青岛出台的文化创意产业政策基本上属于宏观的导向性政策，但相应的配套政策没有进一步细化，各行业实施细则未见颁布。截至目前，青岛还没有制定重点文化产业行业促进条例。相反，其他文化创意产业先进城市却制定颁布了大量的政策和实施细则。例如，杭州颁布的《〈关于鼓励和扶持动漫游戏产业发展的若干意见（试行）〉的实施办法（试行）》具有很强的可操作性；上海出台的《上海市非物质文化遗产项目代表性传承人认定与管理暂行办法》《上海市金融支持文化产业发展繁荣的实施意见》《上海市促进创意设计产业发展财政专项资金实施办法》《上海文化发展基金会动漫游戏创作项目资助实施细则（2011年修改版）》等政策都很具体，调节的产业领域也非常明确。

4. 财政税收政策缺失

青岛缺乏专门的税收优惠政策，有关文化企业的税收优惠问题，青岛仅在《青岛市促进文化创意产业发展若干政策》中提到。而其他城市却出台了大量的税收优惠政策，尤其是广州市相继出台了《关于文化体制改革中经营性文化事业单位转制为企业的若干税收政策问题的通知》《关于在文化体制改革试点中支持文化产业发展若干税收政策问题的通知》《企业研究开发费用税前扣除管理办法（试行）》《关于技术先进型服务企业有关税收政策问题的通知》等十几项税收优惠政策，对广州市的文化企业起到了极大的支持作用。

5. 专项资金使用监管体系未建立

在文化领域，专项资金监管问题较为突出，资金使用过程中存在着比较严重的浪费和闲置现象，致使资金使用效率低下。同时，就专项资金的申请方来讲，由于信息不对称，同一项目往往会重复申请、多头申请，而资金监管方却不能及时发现。因此，青岛急需成立专项资金使用监管体系，出台相关监管措施，保证文化创意产业扶持资金能专门用于发展本产业。

（三）进一步推动青岛文化创意产业发展的政策建议

1. 健全文化创意产业政策体系

政府的政策支持是文化创意产业发展的重要保证，文化创意产业的发展需要政府在知识产权、市场竞争、融资方式、政策引导等各方面加强制度供给。针对青岛市文化创意产业发展过程中存在的政策扶持问题，一方面需要青岛市各政府部门认真落实好国家级的文化经济政策，另一方面要不断完善青岛市在财政、税收、投融资、土地、工商、价格、资产管理、社会保障等方面的扶持政策，给予文化创意产业有力的支持。

向上海、北京、深圳等城市汲取经验，尽快制定颁布文化企业融资担保政策、重点文化行业发展政策、文化企业土地利用政策等专项规定。通过构建系统化、制度化、规范化的文化创意产业政策系统来拓宽文化企业融资渠道、强化文化创意产业的知识产权保护，为文化企业提供优惠政策支持，从而促使青岛文化创意产业的发展环境不断优化。

2. 加强对文化创意产业政策和规划的研究

深入研究国内外文化创意产业发展的时代背景、理论基础、政策出台、产业布局、人才战略等方面。在研究调查的基础上，结合青岛市的历史文化、经济基础、城市定位和产业发展现状，广泛吸收社会各界的意见建议，适时出台《青岛市文化创意产业投资指导目录》，为投资者指明青岛市文化创意产业的发展重点，引导文化创意产业快速、协调、持续、健康发展。此外，通过全面系统地梳理青岛市已出台的政策规划，把握政策缺失，根据现实需要来进一步明确、细化政策和规划，切实增强政策规划的针对性和可操作性。召集国内外文化领域的知名专家、学者组成文化创意产业发展专家咨询委员会，对青岛市出现的重大课题、项目进行调查和研讨，一方面丰富青岛市文化创意产业领域的理论研究水平，另一方面为青岛市文化部门的决策提供咨询和建议。

3. 扩大文化创意产业税收优惠政策

政府实施税收优惠政策，对于降低文化企业的经营成本、增强文化企业的竞争优势、拓宽其市场占有率具有重要意义。而现行的税收政策对文化企业来说偏重，不利于增强企业的竞争力，因此本课题组建议，在青岛市政府的可调整范围内，对部分地方税种尽量降低税率（或税后返还）；超出市政府调整权限的，应逐级申请减轻税负；在积极实施国家退税优惠政策的同时，争取国家对青岛市扩大退税范围；应尽快出台《青岛市文化赞助和捐助条例》，号召企业和个人对文化单位进行赞助或捐赠，对于积极赞助或捐赠文化单位和文化活动的企业，应向国家争取给予一定的税收优惠。

4. 编制文化创意产业园区土地利用规划

将青岛市现有的文化创意产业园区（基地）纳入建设发展规

划，对其进行分类和定位，明确各园区的产业功能，争取在软件、动漫游戏、广告设计、会展、旅游休闲等领域形成一批典型的、实力较强的文化创意产业园区。

尽快制定出台相应的土地利用政策，解决园区土地利用问题。要鼓励利用老城区改造和旧厂房改造建设园区。为鼓励园区建设，可以对园区建设单位免征各项行政事业费，如城市基础设施配套费、城市房屋拆迁管理费、供水设施增容费、公共消防设施配套费及其他相关收费，以减少园区建设单位投资经营风险并吸引文化企业入驻园区。

5. 规范文化创意产业专项资金使用政策

加强对现行各专项资金（文化事业和文化创意产业建设专项资金等）的管理，在资金的申请和使用上要坚持公开、公平、公正的原则，严格执行企业申报、专家评审、政府决策与单独核算的资金申报使用程序，并通过社会公示的方式来加强社会对公共财政资金使用的监督。

建立文化创意产业专项资金使用绩效评估机制。在青岛市财政、审计部门对资金的使用情况进行监督检查的同时，市政府还应委托独立的社会中介机构，对上述专项资金的使用情况和项目执行情况进行阶段性监测和年度评估，并将评估结果上报市政府，相关的评估内容和结论应通过媒体向社会公开。

6. 打造产业政策公共协商的服务平台

首先，根据产业发展规划设定的目标，动态监测文化创意产业领域内各行业发展的基础数据，定期发布文化创意产业发展报告。依据监测结论来调整相关政策，提出相应的配套措施。其次，健全青岛市文化创意产业协会的职能，根据市场供需情况的变化和国家导向政策，发挥其在政府和企业之间的桥梁作用，帮助政府及时获取企业和市场信息并协助发布产业发展的政策性指导意见，调节青岛文化创意产业的政策走向。

附件1 各城市规划类政策一览

	政策名称	年份
青岛	《青岛市服务外包产业发展规划(2008~2015年)》	2008
	《青岛市服务业发展布局规划(2009~2012年)》	2009
	《青岛市现代服务业人才发展规划》	2010
	《青岛市"十二五"时期文化产业发展专项规划》	2010
	《青岛市国民经济和社会发展第十二个五年规划》	2011
	《青岛市"十二五"时期文化改革发展规划纲要》	2011
	《青岛市"千万平米"文化创意产业园区建设推进方案》	2012
北京	《北京市文化创意产业分类标准》	2006
	《北京市"十一五"时期旅游业及会展业发展规划》	2006
	《北京市"十一五"时期文化创意产业发展规划》	2007
	《北京市"十一五"时期出版(版权)业发展规划》	2007
	《北京市"十二五"时期文化创意产业发展规划》	2008
	《北京市"十二五"时期会展业发展规划》	2011
上海	《上海市文化创意产业发展"十二五"规划》	2011
	《上海市国民经济和社会发展第十二个五年规划纲要》	2011
	《上海市服务业发展"十二五"规划》	2012
	《上海加快动漫产业发展三年行动计划(2013~2015)》	2013
杭州	《杭州市加快现代服务业发展规划》	2005
	《杭州市信息服务与软件业发展规划(2005~2010年)》	2005
	《杭州市广播影视业"十一五"发展规划》	2009
	《杭州市"十二五"文化创意产业发展规划》	2011
	《杭州市国民经济和社会发展第十二个五年规划纲要》	2011
	《杭州"十二五"现代服务业发展规划》	2011
	《杭州市"十二五"会展业发展规划》	2011
广州	《广州市文化建设规划纲要(2004~2010年)》	2003
	《广州新闻出版广播电视业2003~2010年发展规划》	2003
	《广州市文化发展"十一五"规划》	2004
	《广州市文化产业发展"十一五"规划》	2007
	《"十一五"广州会展业发展规划》	2007
	《广州市国民经济和社会发展"十二五"规划纲要》	2011

	政策名称	年份
武汉	《武汉市文化发展规划(2004～2010年)》	2004
	《武汉市会展业2009～2015年发展规划》	2009
	《武汉市国民经济和社会发展第十二个五年规划纲要》	2011
	《武汉市"十二五"文化发展规划(2011～2015年)》	2011
	《武汉国家级文化与科技融合示范基地建设实施方案(2012～2015年)》	2012
	《武汉市文化产业振兴计划(2012～2016)》	2012
成都	《成都市服务业发展规划(2008～2012)》	2008
	《成都市会展业发展规划纲要(2008～2015)》	2008
	《成都市文化创意产业发展规划(2009～2012)》	2009
	《成都市数字新媒体产业发展规划(2010～2012)》	2010
	《成都市"十二五"时期文化发展规划纲要》	2011
	《广播影视发展"十二五"规划》	2011
	《成都市文化产业发展"十二五"规划》	2012
深圳	《深圳市文化产业发展规划纲要(2007～2020)》	2006
	《深圳市会展业发展"十一五"规划》	2007
	《深圳市国民经济和社会发展第十二个五年规划纲要》	2011
	《深圳市文化发展"十二五"规划》	2012
	《深圳市现代服务业"十二五"规划》	2012
天津	《天津市文化产业振兴规划》	2010
	《天津市国民经济和社会发展第十二个五年规划纲要》	2011
	《天津市文化产业发展"十二五"规划》	2011
重庆	《文化发展"十一五"规划纲要》	2005
	《文化广播影视产业"十一五"规划》	2005
	《重庆市商贸流通产业"十一五"综合发展规划》	2006
	《重庆市人民政府关于加快发展服务业的意见》	2008
	《重庆市软件及信息服务外包产业发展规划》	2010
	《重庆市电子信息产业三年振兴规划》	2012
苏州	《苏州市文化发展"十二五"规划》	2011
	《苏州市国民经济和社会发展第十二个五年规划纲要》	2011

附件 2　各城市促进政策一览表

	政策名称	年份
青岛	《关于加快会展业发展的意见》	2007
	《青岛市加快促进文化产业发展若干政策》	2008
	《关于实施文化强市战略推动文化大发展大繁荣的意见》	2008
	《青岛市金融支持文化创意产业发展的指导意见》	2009
	《关于鼓励和扶持动漫创意产业发展的实施意见》	2009
	《市委市政府关于推进文化青岛建设打造文化强市意见》	2011
	《文化创意产业版权质押贷款指导意见》	2011
北京	《北京市海关关于支持北京市文化创意产业发展的若干措施》	2006
	《北京市文化创意产业投资指导目录》	2006
	《北京市保护利用工业资源发展文化创意产业指导意见》	2007
	《北京市关于推进工业旅游发展的指导意见》	2008
	《关于金融支持首都文化创意产业发展的指导意见》	2009
	《关于大力推动首都功能核心区文化发展的意见》	2010
	《北京市促进软件和信息服务业发展的指导意见》	2010
	《北京市促进设计产业发展的指导意见》	2010
上海	《上海市新闻出版局支持出版产业发展的若干意见》	2009
	《关于促进本市数字出版产业发展若干意见》	2011
	《关于促进上海电影产业繁荣发展实施意见》	2011
	《上海市传统工艺美术保护规定》	2011
杭州	《杭州市关于进一步推进杭州文化产业发展的若干意见》	2005
	《杭州市关于鼓励和扶持动漫游戏产业发展的若干意见(试行)》	2005
	《杭州市关于鼓励和扶持动漫游戏产业发展的补充意见》	2007
	《杭州市关于打造全国文化创意产业中心的若干意见》	2008
	《关于统筹财税政策扶持文化创意产业发展的意见》	2008
	《杭州市关于加快文化创意产业园区建设的若干意见》	2009
广州	《广州市人民政府印发广州市加快软件产业发展指导意见》	1999
	《广州市加快软件产业发展的若干规定》	2001
	《关于广州市加快文化事业发展若干政策的意见》	2003
	《关于加快软件和动漫产业发展的意见》	2006
	《广州市进一步扶持软件和动漫产业发展的若干规定》	2007
	《市府办公厅关于印发广州市进一步加快民营经济发展工作方案的通知》	2007
	《广州市关于大力推进自主创新加快高新技术产业发展的决定》	2008
	《转发市外经贸局关于加快我市服务外包发展意见的通知》	2008
	《关于大力推进自主创新加快高新技术产业发展的决定》	2008
	《中共广州市委广州市人民政府关于加快发展现代服务业的决定》	2008

续表

	政策名称	年份
武汉	《关于加快武汉会展业发展的若干意见》	2004
	《关于促进武汉市会展业发展的若干意见》	2011
	《武汉市关于加快文化产业发展的若干政策》	2012
成都	《成都市地方税务局关于发展税务文化的意见》	2004
	《关于加快现代服务业发展的意见》	2009
	《成都市鼓励软件产业发展的政策意见》	2010
	《成都市推动会展业发展的政策》	2010
	《关于加快会展业发展的意见》	2011
	《中共成都市委关于深化文化体制改革加快建设文化强市的意见》	2011
	《关于加快文化体制改革和文化产业发展的意见》	2011
深圳	《深圳市人民政府印发〈关于鼓励软件产业发展的若干政策〉的通知》	2001
	《关于加快文化产业发展若干经济政策》	2005
	《关于扶持动漫游戏产业发展的若干意见》	2005
	《中共深圳市委深圳市人民政府关于大力发展文化产业的决定》	2006
	《深圳市文化产业促进条例》	2008
	《关于加快文化产业发展若干规定》	2008
	《关于促进创意设计业发展的若干意见》	2009
天津	《天津新技术产业园区加快动漫产业发展的鼓励办法》	2008
	《天津新技术产业园区加快软件与服务外包产业发展的鼓励办法》	2008
	《关于文化体制改革中进一步支持文化企业发展的意见》	2009
	《关于支持文化体制改革和文化产业发展的意见》	2009
	《天津市支持服务业发展的若干政策汇编》	2010
	《关于支持我市文化体制改革和文化产业发展的意见》	2011
	《天津市促进现代服务业发展财税优惠政策》	2012
重庆	《重庆市引进软件中高级人才优惠政策的规定》	2006
	《关于加快我市软件及信息服务外包产业发展暂行规定》	2007
	《关于加快发展服务业的意见》	2008
	《重庆市加快电子商务产业发展有关优惠政策》	2011
	《关于进一步推动互联网产业发展若干政策的意见》	2013
苏州	《关于扶持动漫产业发展的政策意见》	2005
	《关于促进服务业跨越发展的政策意见》	2005
	《关于鼓励企业上市的若干意见》	2006
	《市政府关于加快文化事业和文化产业发展若干经济政策的意见》	2007
	《关于加快苏州市文化产业发展的若干政策意见》	2009
	《关于推进原创动漫、游戏产业发展的意见》	2009
	《关于进一步加快发展现代服务业的若干政策意见》	2011
	《关于加快苏州会展业发展的若干意见》	2011

附件3　各城市实施意见、办法一览表

	政策名称	年份
青岛	《青岛市文化创意产业发展专项资金管理暂行办法》	2008
	《创意产业集聚区及创意企业管理暂行办法》	2009
	《青岛市文艺精品项目扶持奖励管理办法》	2013
	《青岛市文化人才培养和引进计划》	2013
	《青岛市文化创意产业园区认定管理暂行办法》	2013
北京	《北京市促进文化创意产业发展的若干政策》	2005
	《北京市文化创意产业发展专项资金管理办法(试行)》	2006
	《北京工业促进局创意产业实施计划》	2007
	《北京市文化创意产业集聚区认定和管理办法(试行)》	2007
	《北京市文化创意产业集聚区基础设施专项资金管理办法(试行)》	2007
	《北京市文化创意产业贷款贴息管理办法(试行)》	2008
	《北京市关于支持影视动画产业发展的实施办法(试行)》	2009
	《北京市文化创意产业担保资金管理办法(试行)》	2009
	《北京市关于支持网络游戏产业发展的实施办法(试行)》	2009
	《北京市动漫企业认定管理工作实施方案》	2009
	《北京市文化创意产业创业投资引导基金管理暂行办法》	2009
上海	《上海市非物质文化遗产项目代表性传承人认定与管理暂行办法》	2009
	《上海市金融支持文化产业发展繁荣的实施意见》	2010
	《上海文化发展基金会美术、文博项目资助实施细则(2011年修改版)》	2011
	《上海文化发展基金会动漫影视剧本创作项目资助实施细则(2011年修改版)》	2011
	《上海文化发展基金会动漫游戏创作项目资助实施细则(2011年修改版)》	2011
	《上海文化发展基金会影视艺术剧本创作项目资助实施细则(2011年修改版)》	2011
	《上海文化发展基金会文化艺术活动项目资助实施细则(2011年修改版)》	2011
	《上海市文化科技创意产业基地文化科技创意企业(机构)认定办法(试行)》	2011
	《上海推进软件和信息服务业高新技术产业化行动方案(2009~2012年)》	2011
	《上海市促进文化创意产业发展财政扶持资金实施办法(试行)》	2012
	《上海市软件和信息技术服务出口重点企业认定办法》	2012
	《上海市促进创意设计产业发展财政专项资金实施办法》	2012
	《青年编剧项目资助扶持办法》	2013

续表

	政策名称	年份
杭州	《关于鼓励和扶持动漫游戏产业发展的若干意见(试行)》的实施办法(试行)	2005
	《杭州市文化产业发展专项资金管理办法》	2007
	《杭州市关于加快推进我市文创企业创业板上市工作的实施意见》	2009
	《杭州市文化创意产业大学生创业孵化基地认定管理办法(试行)》	2009
	《关于加强杭州市重点文化创意企业(集团)培育工作的实施意见》	2010
	《杭州市文化创意产业特色楼宇认定和管理办法(试行)》	2010
	《杭州市文化创意产业园区认定和管理办法》	2010
	《杭州市关于加快文化创意产业人才队伍建设的实施意见》	2011
广州	《广州市支持企业境外参展专项资金管理办法》	2006
	《广州市重点软件和动漫企业认定管理办法》	2007
	《广州市知识产权专项资金管理办法》	2007
	《广州市软件和动漫产业发展资金管理暂行办法》	2007
	《关于企业研究开发费税前扣除管理试行办法的实施细则》	2008
	《关于鼓励海外高层次人才来穗创业和工作的办法》	2008
武汉	《武汉市文化市场管理办法(修正)》	1997
	《武汉市动漫产业发展专项资金使用管理暂行办法》	2010
	《武汉市软件产业发展专项资金管理暂行办法》	2010
成都	《2007年网络游戏动漫作品出版扶持资助资金管理办法》	2007
	《成都市市级文化专项资金使用管理暂行办法》	2007
	《成都市广播电视和新闻出版局归口文化专项资金使用和管理暂行办法》	2007
	《成都会展业发展管理办法》	2010
	《成都市关于鼓励和扶持动漫产业政策的实施细则》	2011
	《关于工商助推文化强市的实施意见》	2012
深圳	《关于建设文化产业园区(基地)的实施意见》	2005
	《深圳市文化产业发展专项资金管理暂行办法》	2005
	《深圳市重点软件企业认定管理办法》	2006
	《关于建设文化产业园区(基地)的实施意见》	2008
	《深圳市鼓励"三旧"改造建设文化产业园区(基地)若干措施(试行)》	2008
	《深圳市文化产业园区和基地认定管理办法(试行)》	2008
	《深圳市重点文化企业认定和考核暂行办法》	2009
	《深圳市引进人才(调干)实施办法》	2010
	《关于支持和促进深圳文化产权交易所发展的若干意见》	2010
	《深圳市人才认定标准(2013年)》	2013

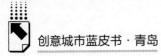
续表

	政策名称	年份
天津	《天津市文化娱乐业管理办法》	1997
	《关于鼓励和支持我市文化产业发展的实施意见》	2011
	《天津市促进会展业发展办法》	2011
	《天津市软件企业认定暂行管理办法》	2012
	《天津市促进文化和科技融合发展实施意见》	2013
	《关于促进天津市文化贸易发展的实施意见》	2013
重庆	《关于贯彻国务院鼓励软件产业和集成电路产业发展的若干政策的实施意见》	2001
	《重庆市创意产业基地(园区)认定暂行办法》	2007
	《重庆市软件及信息服务外包发展专项资金管理暂行办法》	2007
	《鼓励和扶持动漫产业发展实施办法》	2007
	《重庆市软件企业认定暂行管理办法》	2012
苏州	《苏州市文化产业发展投资指导目录及说明》	2010
	《苏州市重点文化企业认定和考核管理暂行办法》	2010
	《苏州市文化产业发展资金管理办法》	2010
	《关于推进软件产业和集成电路产业跨越发展的实施意见》	2011
	《苏州市姑苏文化产业人才计划实施细则(试行)》	2011

青岛市民营书店发展调研报告

民营书店经过了二十多年的发展，不断发展壮大，既出现了具有全国影响力的连锁店，又有称雄一方的大型书店，更多的是特色小型书店。它们经营机制灵活，服务周到，构成我国图书营销业中一道亮丽的风景线。然而，面对昂贵的租金、折扣大战、网络书店崛起等各个方面的威胁，再加上民营书店、新华书店不对等的外部环境让民营书店难以为继，曾经门庭若市的国内知名的民营实体书店相继关门歇业或直接倒闭，如北京第三极书局、"风入松"书店、上海季风书店等，民营实体书店正面临着严峻的生存挑战。

如今，民营书商的地位非常尴尬，年轻的民营书商面对新华书店竞争的资源成本和网络书店的进价折扣显得缺乏竞争力，而且图书馆、网络、电子阅读器等渠道分销出去了大量的图书购买群，民营书商的生存状况十分恶劣。面对国有书店的先天优势，民营出版商在市场竞争中更是形势险峻。国有的出版商可以享受到先征后退、减免所得税等税收优惠政策，改制出版社还可以在3年内免交所有税种，而民营出版商和书店却难以获得政策的垂青。同时，国家对于图书等文化产品有着非常严格的内容管理制度，苛刻的内容审核机制，致使很多潜在的畅销图书不能出版，间接地制约了读者的图书消费，影响了书商的收益。

民营实体书店近年来的集体赢弱和惨烈现状，使许多业内人士丧失信心。知名书店的不断落幕是否意味着民营实体书店全业态就此衰落？是什么原因让民营实体书店举步维艰？民营实体书店将何去何从？在此形势下，青岛的民营实体书店生存问题值得关注。针对以上问题，我们对青岛市民营实体书店的现状进行了调查，以期发现问题，找到民营实体书店未来的发展方向和空间，确立适合的发展战略，出台积极的支持政策，重新树立民营实体书店在青岛城市文化建设中的重要地位。

一 青岛市图书市场的现状

（一）青岛国营书店主导着图书市场

1. 青岛国营书店是流通渠道的霸主

图书发行业是出版产业链中的流通环节，包含进货、仓储、运输、销售、售后服务等业务内容，在这一领域，青岛新华书店（集团）处于绝对的主导地位。青岛新华书店在 2002 年便开始实施企业整体的改制，转制方案为组建一个集团公司和以各区市新华书店分店为核心的 9 个股份制子公司，由集团公司对子公司施行51% 的控股，其余49% 分别由管理层和职工持股。在诸多国际大型资本尚未完全介入流通领域的当年，这几乎成为行业内的范本之作。改制所带来的速变是第二年青岛新华书店（集团）有限责任公司实现销售收入首次达到4.2 亿元。与此同时，其经营规模也相继拓展，先后在台东、李村、黄岛等地开拓卖场式经营。2004 年青岛新华书店（集团）有限责任公司又转变经营模式，由职工入股创建了第一家股份制书店"海鲸书店"。特别值得一提的是，这家书店在青岛民营书店最为集中的昌乐路文化市场内，这也是截至目前青岛国有书业与民营书业之间唯一的一次正面交锋。

也在 2004 年，随着青岛市文化市场新营业楼的正式启用，青岛以及省内 26 家以民营书业为主体的商企重新落户，形成老城区内一座占地 8000 平方米、集批发与零售于一体的"大型图书超市"。这是青岛民营书业首次由分散转为集中，化零为整，它同时也增加了民营书店之间的互补分工，避免了不必要的竞争和重复性的资源浪费。相关的统计显示，民营书业所占的市场销售份额甚至不到市新华书店（集团）有限责任公司的一成。

2. 青岛国营书店是推动全民阅读的主力军

青岛国营书店凭借其品牌的号召力和雄厚的资金实力积极培养市民的阅读兴趣。青岛市新华书店集团公司每周六都会在青岛书城内举办"周六书城赏书会"。自 2010 年 1 月赏书会正式创办以来，每周六准时开讲，风雨无阻。发展至今，赏书会已经汇集了诸多海内外名家前来解读名作。《易经与现代生活》是赏书会的开篇之作，此后陆续解读赏析了范曾的《回归古典之美》、陈寅恪女儿写的《也同欢乐也同愁》、刘心武的《红楼梦八十回后真故事》、季羡林儿子季承的《我和父亲季羡林》、村上春树的《1Q84》、台湾作家龙应台的《孩子你慢慢来》等优秀作品。赏书会的听众有著名学者、作者本人、媒体记者、教师、大学生等。每期赏书会的特邀嘉宾无论是作家，还是诗人，都会与广大书迷、听众一起畅谈诗书，讲述阅读心得。

"周六书城赏书会"为纯文学和人文社科交流阅读搭建了一个平台，赏书会开办三年多来，真正成为青岛内外文化名人相拥论书的文化场所，也成为青岛书城推荐图书的平台。该活动一方面提升了书城的人气，激发了读者的图书购买热情，拉动了图书销售；另一方面培育了大批爱读书、读好书的精英读者，对青岛市推动全民阅读起到了积极作用。

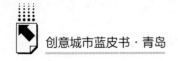
（二）青岛民营书店的规模日益萎缩

我国自从 1980 年开放集、个体书店以来，图书销售网点在短时间内获得了急速的膨胀，在 2007 年的高峰时期，全国大约有 16.7 万个图书发行网点，其中民营图书发行网点约占总量的 72%，达到了 12 万个。随着宏观环境的变化，书店经营开始面临严峻挑战。自 2008 年以来，图书销售网点开始逐年减少，每年上千家的集、个体零售网点脱离市场。最新统计资料显示，直至 2012 年，民营发行网点的数量仍在不断下降当中。

从规模上看，与全国民营书店的变化趋势相一致，青岛民营书店的整体规模也在不断萎缩。据青岛市文广新局印刷发行管理处提供的信息，2012 年，青岛民营发行单位的数量是 606 家，这个数字比起 2011 年的 566 家，增加了 40 家，然而销售总额却从 2011 年的 3.29 亿元下降到 2012 年的 2.16 亿元，从业人数也从 2048 人下降到 1825 人。由此可见，虽然民营书店的数量略有增加，但是销售总额大幅减少，从业人员数量也有所下降，总体规模在不断萎缩。

从经营状况来看，青岛民营书店面临较大的压力。书店的销售额比往年均出现了不同程度的减少，消费者的购买动力不足、购买量较少、回头率一般，预计未来的销售情况在短期内不会好转。图书的购进成本和售价基本稳定，然而房租和人力成本的升高导致书店的经营费用处于每年增加的态势。低迷的销售情况和日益增加的经营成本导致大部分民营书店处于亏损或微利状态，不少店主正考虑逐渐减少和供货商的供货合同。

在全国民营书店发展不景气的大形势下，青岛民营书店的发展现状并不乐观，在未来的发展道路上，青岛民营书业无论是在企业规模、市场份额还是在企业经营能力上都需要进一步增强，尤其是在民营书业占有优势的教辅图书领域和大众出版领域，广大青岛民营书店要不断增强竞争力，扩大市场份额的占有率。

（三）青岛民营书店面临诸多困境

1. 网络书店的竞争

目前青岛的民营实体书店可谓是经营惨淡，很多书店都面临倒闭的困境。昌乐路文化市场的二十几家书店，基本上都在打折促销，即使是这样，读者也不是太多。在调研过程中，民营实体书店的经营者纷纷表示，实体书店已经被逼进了死胡同，以批发为主的书店还能勉强维持，靠零售已经很难生存下去。据调查，2000 年前后是青岛市实体书店的鼎盛时期，那时的青岛约有 1300 余家书店，此后 10 多年间，却逐年减少。之所以有如今的窘境，首先缘自网络书店的冲击。

近年来，当当、卓越亚马逊、京东、天猫以及苏宁易购纷纷抢滩图书市场，激烈的价格战使图书销售市场格局被打乱，民营实体书店深受冲击。与传统的实体书店相比，网络书店具有以下优势。第一，网络书店基于其自身经营的低成本，可以提供更优惠的书价。首先，网络书店的经营费用少，无需支付高昂的房租、水电等费用。其次，凭借广阔的覆盖范围所产生的巨大需求量，网络书店往往可以从出版商处获得比实体书店更低的进价。实体书店拿货最低也就是 6.5 折，网络书店往往 5 折就可以拿到。有的实体书店甚至越过出版商直接从网络书店进书。因此，网络书店正常打 6 折或 7 折，最低打 2 折或 3 折，比起民营书店的 8 折以及新华书店的不打折，网络书店在价格上占尽优势（见表 1）。第二，网络书店有着完善的查询系统，方便读者挑选图书，加上日益完善的物流，读者无需出门就能完成选书并享受送货上门的服务，节省了读者逛书店的时间，也简化了寻找图书的各种麻烦。第三，网络书店突破了实体店陈列空间有限、陈列形式单一、单品推广受时间和空间的限制等传统障碍，具备了全天候运营、图书分类精细化、关联性展示以及低价格、无购书区域限制等诸多优势。

表1　国内代表性网上书店的销售价格

书店名称	新书折扣率	畅销书折扣率	特价书折扣率
亚马逊	5.5~6折	5.5~6折	开设有5元、10元特价书专区，折扣低至2折，一般3折左右
当当网	5.5~7.5折，基本在6.5折以上	5.3~6.5折	开设有5元、10元特价书专区，折扣多数为3~5折

尽管网络书店具有诸多优势且近年来其销售增长快于实体书店，但从目前看其市场份额仍然低于实体书店，青岛出版社2008年网络销售额仅占到其总销售额的5%。因此，出版社不会因为当下网络书店的高增长就把提高出版社销售额的"宝"全部押在网络书店上面，对实体书店和网络书店的发行政策不会有很大差异，他们会兼顾全局，综合考虑。因为毕竟实体书店目前还是出版社产品的主要销售渠道，出版社销售额的"大头"仍然出自实体书店。

面对网络书店从价格到服务的全面冲击，青岛的一部分书店积极规避和网络书店的价格战，找准了自己的盈利模式，谋求多种经营。笔者走访了多家青岛实体书店的从业者，结果表明，青岛实体书店的从业者基本形成三点共识。第一，实现产业升级，实体书店要打破单纯卖书的传统营销模式，向多元文化拓展，增加书店的造血功能。即打造自主品牌，形成系列化、体系化集群，使传统书业真正实现破局。第二，加快书店转型，针对年轻消费者的时尚需求，转换传统书店的思维模式，结合现代书店的最新理念打造美学书店、艺术书店。第三，改善服务，从人性的角度出发探索读者内心世界的追求，以书店为平台有针对性地开展丰富的文艺活动，通过心灵的触动来集聚读者，并通过与读者的交流沟通为书店创造更多的灵感，从而打造出人性化十足且极具吸引力的书店。

2. 电子图书的冲击

近几年来，电子图书市场日趋繁荣，数字化阅读方式在社会上日渐兴起。数字化阅读的载体很多，现在不但有手机、电子阅读器、网络在线，还有 PKA、MP4 或电子词典等。许多年轻读者的阅读习惯随之逐渐发生了改变。业内人士普遍认为，电子阅读已经势不可挡。2009 年统计数据显示，中国数字出版业总值首度超越传统书、报、刊出版物，达到 795 亿元，数字出版已跃升为新闻出版业的重要组成部分。

在对青岛民营书店的调研过程中，一些经营者对电子图书和纸质图书的特点进行了专业的概括，他们认为，相比纸质图书，电子图书具有以下优点。第一，电子图书更轻便快捷。读者无需携带沉重的纸质图书，只需通过手机或其他电子阅览器就可以随时随地进行阅读，且电子图书的存储量大，可以最大限度地满足读者的阅读需求。第二，电子图书制作成本低。电子图书摆脱了对纸张和印刷的依赖，大大降低了木材的消耗和空间的占用，节省了成本。第三，电子图书易于传播。相比纸质图书传统的传播方式，电子图书可以通过互联网进行快速传播，读者可以通过网络下载大量的免费图书。而纸质图书也具有其不可替代的特性，首先，纸质图书具有电子图书所不具备的真实性，读者可以同时调动视觉、触觉、嗅觉等全方位地感受读书的乐趣。其次，相比电子图书的漏洞百出，纸质图书的准确性要更高。最后，纸质图书比电子图书更适合阅读，

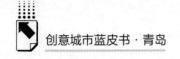

有利于保护眼睛，尤其是儿童类图书。

因此，经营者们普遍认为在短时间内数字产品无法彻底取代纸质图书等传统出版业的产品，虽然移动阅读和网络阅读的增长趋势日趋明显，但纸质阅读和数字阅读必将在未来长时间共存，并不存在谁取代谁的问题。

面对电子图书带来的图书市场的进一步分化，在笔者的调研过程中，青岛实体书店的店主也提出了一种新的发展思路。他们认为，网络化和电子化必将成为一种不可逆转的发展趋势。作为实体书店，首先，要针对家长越来越重视对孩子的教育及教辅类图书一直非常畅销这一情况，在定位上紧盯儿童文学、中小学教辅书等，以确立自己的优势，并把实体图书销售和网络销售结合起来。其次，在坚持实体图书销售的同时，加快向电子产品过渡。各民营书店应积极利用青岛数字出版的良好基础，早日将电子图书做强做大，在留住老顾客的同时开拓新市场，做到"多条腿走路"。

3. 房租和税收的压力

民营实体书店基本上都是采取租用商业场地的经营方式，青岛的高房价客观上推高了房屋租赁价格，致使实体书店的经营成本居高不下。通过对青岛民营书店的调研可知，实体书店的进货折扣平均在64%左右，如果按照图书的原价出售，大约可获得36%的毛利润，在这其中，上涨的房租所占的比例就超过15%，再加上人力等其他成本，最终纯利润仅剩余7%左右。事实上书店为了促销，图书的销售基本都有折扣，因此，实际获得的纯利润往往在5%以下。

据调查，青岛市文昌路文化市场的租金约为每平方米每天2元，以占地200余平方米的四维文化书店为例，该书店每年仅房租就高达15万元，而书店每天的销售额平均只有2000元左右，书店每年的毛利润大概在 25 万元左右，租金在其中就占到了一半以上，再加上人力成本、水电费、管理费用、税收等成本，书店所能获得的净利润已经非常微薄，出现亏损也是常有的事情。面对巨大的房租压力，一些文化市场图书大厅里的书店开始缩小店面，大店变小店，原因无非是分担房租。

除了上涨的房租，税负过重也是民营书店难以维持的重要原因。目前，我国民营书店需要缴纳的税种包括营业税、增值税、城市维护建设税、地方教育附加税、教育费附加、印花税、企业所得税等。民营书店每年除了 13% 的增值税，盈利后还要缴纳 25% 的所得税。相比之下，新华书店却可享受县级及县级以下书店免收增值税的优惠政策，同时免征企业所得税、营业税、房产税等六大税种。此外，新华书店还可享受租金优惠。但这些政策并没有惠及其他民营书店，而民营书店的实力不强、抗风险能力较差，理应享受更多优惠政策。不少民营书店的经营者表示，希望出台相关政策，对实体书店减税、免税、返税，减轻实体书店的成本压力。

据调查，整个昌乐路文化市场上的 30 多家书店，通过图书零售盈利的书店不过两三家。沉重的租金、税收压力使书店难以获利是许多民营实体书店关门的最根本原因。

4. 新华书店的垄断

新华书店与民营实体书店相比具有众多优势，青岛的情况也是如此。根据实地调研，主要体现在以下四个方面。第一，在地理位置上，青岛新华书店大多分布在城市的核心繁华地段，在地理位置上具备得天独厚的优势。第二，在经营业务上，青岛新华书店垄断了青岛图书利润中最大的份额——包销了党和国家重要文献、学校教材、内部发行图书等政策性产品。青岛新华书店还通常利用其在教辅领域的垄断地位向学校开列所谓的"目录"，限定只能征订

"目录"上的教辅资料，没有列入者不准订购。虽然政府文件明令禁止将教辅材料编入《教学用书目录》或印发《推荐目录》，可是，在现实中，这些规定往往成了摆设。第三，在销售渠道上，青岛新华书店作为国营书店向来是青岛图书销售的主渠道，可以轻松地拥有各大出版社最好图书的进货折扣。第四，在税收上，青岛新华书店一直享受着国家给予的各种税收减免优惠政策。因此，青岛新华书店有能力与青岛的各民营实体书店在几乎所有品种的图书上开展价格战，扩大其图书销售份额。

为了鼓励民营书业的发展，建立一个公平有序的图书市场，我国的中小学教材发行已经逐渐向民营企业放开。据统计，2011年全国出版图书、期刊、报纸和音像制品的定价（出版）总金额为1720.1亿元，其中图书占总量的61.6%，课本数量占图书数量的31.2%，定价达到330.17亿元。据悉，绝大部分新华书店利润的70%来自教材，多数乡镇书店更是达到了90%，因此新华书店不会轻易放开对教材市场的垄断。

目前，青岛市新华书店仍然垄断着全市的教材销售，广大民营书店无法通过政府采购程序获得此块利益分成。这种极端的垄断现象并不是全国普遍存在的，省内其他城市尤其是南方各大城市并无此类情况发生。在市场经济建设日趋深入的今天，继续依靠行政命令下达中小学教材发行计划，通过行政手段直接管理和控制教材发行，不仅达不到计划控制的目的，而且滋生政府机关的腐败，损害消费者的利益。因此，必须打破教材教辅发行市场的垄断，引入竞争机制。只有这样，才能建立全国统一的、公平竞争的、规范有序的市场体系，才能杜绝行业腐败。

5. 资金链的脆弱

国内民营实体书店的兴起伴随着我国经济的高速发展，在这个时期大量暴利行业的涌现使得民营实体书店的举步维艰显得格外刺眼，因此，一些民营实体书店的经营者在继续坚持做好民营书店的经营抑或扩大经营渠道上举棋不定，难以抉择。

目前，青岛的很多民营实体书店在进行图书销售时开始尝试增加文化类商品，如杂志、文化用品、工艺美术作品等，试图以此来补贴图书的亏损，然而这个尝试却并不成功。首先，文化类商品的进货会占用书店本来就很紧张的资金。其次，很多民营书店在管理上仅局限于图书销售，缺乏其他商品的营销经验，也不可能聘请专业团队来运作，致使书店陈列的文化产品在创意、品质和气质上都无法与图书产品融合，而价格上也毫无优势。最终导致书店的定位模糊、缺乏吸引力，使图书的优势也被削弱。此外，某些民营实体书店未充分考虑自身的资金情况就进行大规模的扩张，导致资金链非常脆弱。

（四）青岛民营书店呈现新的发展特色

经过图书市场不断地优胜劣汰，青岛民营图书市场的经营业态日益丰富起来，主要衍生出了以下三种业态：独立书店、连锁书店、特色专门书店。同时也涌现了一批在业界及读者界拥有良好口碑的文化公司。

青岛民营书业已经广泛触及了出版业的整个产业链，并呈现出版物总发行、特色书店、连锁经营、网上书店等多重形态。在发展方向上，青岛民营实体书店呈现出两个特点。

1. 经营模式不断创新

从青岛地区发行网点的统计来看，青岛民营发行业最普遍、数量最多的业务就是图书零售，主要销售各种畅销书、社科类的大众读物等，经营品种较少、经营规模较小。日益恶化的生存环境要求民营实体书店必须积极地转型并向出版上游业务靠拢，然而以零售业务为主的民营实体书店大都规模较小，缺乏人力、财力进行图书研发，只能在传统经营模式上求新求变，其中有两种模式值得借鉴。一是大文化产品经营模式，即集中销售文化产品尤其是创意产品，在此基础上销售图书。二是跨界经营模式，即以跨界的销售利润来补贴图书经营的同时，用跨界经营的人脉推广图书文化。在这两种模式的启发下，青岛图书市场涌现出了大批独具特色的民营实体书店，经营业态主要为独立书店和特色专门书店，其中具有代表性的如表2所示。

表2　青岛市代表性特色民营实体书店汇总

书店名称	地 址	特色/评价
不是书店	南京路100号创意100园区	书店是上下两层的复合式结构，阅读区域占据书店的3/4，书、咖啡、音乐和烘焙等多元化文化聚集在一起，使阅读成为一种享受，同时，店里也陆续举办了论坛讲座、摄影赏析、个人油画作品展等互动交流，成为小资青年向往的聚集地
学苑书店	高密路40号，伊都锦商场后小路	以文学类和学术类图书为主，又称"幸福杂货铺"，里面有瓷器、盆景等各色小东西
天天艺术·音乐书店	市南区大学路9号，中国海洋大学的北侧	天天艺术音乐书店是专业的音乐连锁书店，"我们帮你热爱艺术"是书店的经营理念。书店目前主要经营图书乐谱、音像制品及乐器配件三大类产品
私书店	市南区中山路百盛商务楼3110	这里有小说、黑咖啡、马天尼、苦艾酒、红酒、周末免费电影
纸有境界	湖北路13号	文艺图书聚集地，书店独有的藏书票，会手把手教你自制实用的笔记本
蛋花书社	澳门路86号百丽广场西区189室	新开的小资书店，有一个旧钢琴，一个旧的黑白电视，还有沙发、木桌椅以及各种小资的书，包括漫画、原版英文小说、散文等，还有咖啡
我们书店	昌乐路1号天福文化新天地3楼D07休闲文化区	人文社科类书籍的特价书店。以有品质的特价书为主，全场五至七折，在卖书之外，还编辑出版《我们》丛书和《我们》MOOK

续表

书店名称	地 址	特色/评价
惠文书店	登州路 25 路车齐东路站对面	杂志很全,都是八五折,是青岛较早的几家贩售翻译轻小说和同人志的书店之一
箴言书店	市北区海泊路 59 号	这是一家宗教色彩浓厚的书店,主要经营各种基督教信仰书籍、音像制品、礼品。地下还有一间小小的礼品室,踩着七八层台阶下去可以看到鱼形挂件、牧羊人摆件、福音梳、复活豆等带有宗教寓意的小礼品
汉京书店	昌乐路文化市场 519 号	主营历史古籍、艺术鉴赏类书籍的民营书店,书店于 1994 年创办,可能是青岛第二家民营书店,已成为岛城书界的一个老字号
杂志疯	昌乐路文化市场	以卖各种国内外杂志为主,杂志种类很全
天福地图城	昌乐路 1 号 1 楼	地图很全,明信片打折
大唐书社	市北区昌乐路二号文物楼一号楼 110 室	主营美术类、文学类、文物(瓷器、玉器)类书籍、书法类书籍,极具观赏价值和收藏价值,适合书籍收藏爱好者及文物鉴赏爱好者

2. 经营领域持续拓展

经过多年的积累,青岛一些发展情况较好且具备一定的资金和技术实力的民营书店已经不再局限于图书零售业务,纷纷寻求突破,主要有两种方式。第一,努力寻求总发行权的获得资格,通过连锁经营、特许加盟等方式扩大发行规模,通过网络平台来进行分销活动;第二,积极向出版产业链的上游靠拢,通过成立图书工作室和文化公司来进行图书选题策划、编辑、组稿等工作。

由于总发行权的获得条件所限,青岛大部分民营书店只能获得批发权来扩大市场份额,如青岛爱知图书有限公司就是一家具有二级批发一般纳税人资质的文化企业,凭借该资质,爱知公司现已经成为一家与全国各大出版社有着密切关系、具备较强实力的文化实体。此外,还有一部分企业选择第二种方式来拓展业务,即在政策法规许可的范围内从事策划、创意、组稿活动，以收编和合作等灵活的方式，参与出版社的内容策划和制作过程，为出版社提供选题策划和内容编辑服务，由出版社负责终审和发行，扮演"内容提供者"的角色。青岛四维文化传播有限公司是此类民营图书公司的代表，该公司以全国优秀出版社、出版商的优秀教辅产品为依托，在数名图书行业资深人士的筹划下，自 2007 年至今已自行研发教辅图书二十余种，成为青岛民营书业中最为活跃的力量。

（五）青岛书市缺乏精神引导

青岛的书店在营销方面缺乏"精神引导"。在青岛，书城是最大的图书销售场所，但为了实现最大化的销售，他们强调畅销书，而忽略"人文"。青岛其他民营书店，也很少形成自己的独特风格，像不是书店、汉京书店等民营书店只是少数，大部分未形成规模，难以产生较大的影响。据悉，在北京、上海、深圳等地，不仅有很多个性化、人文化的书店，而且大小书店里都会有"导读"服务。反观青岛，几乎所有书店都没有"精神引导"，跟着大众赶时髦、随大流，却忽视了书店本身应该起到的阅读导向作用。

书市缺乏精神引导直接导致青岛书市"欠文化"的现象十分明显。青岛实体书店的畅销榜上永远是青春、浅财经、励志书"三分天下"，如 2012 年岛城实体书店最畅销的书是央视名嘴芮成钢的《虚实之间》和郭敬明的《小时代 3.0》。虽然全国书市都涌动着青春、励志、浅财经的大潮流，但全国不少城市还是会存在由公共知识分子为主汇聚的一股文化劲流，倡导着文化阅读，而青岛书市几乎被"大流"完全淹没，"人文"色彩过于缺乏。

青岛作为一个向国际化迈进的城市，市民的阅读品位应该相应有所提高，广大民营书店应把握形势积极发挥作用，向北京、深圳等城市的人文书店学习，培养有青岛文化特色的经典、深刻的阅读氛围，为青岛人文化素养的提升做出贡献，同时也打造出具有青岛人文特色的民营书店品牌。

二 青岛图书市场需求分析

（一）有较大的潜在消费市场

为建设文化产业强市，青岛市不断完善文化硬件设施建设，努力提升市民的文化消费水平。目前，全市共有各类文化机构470处，其中包含了183处文化馆（站）、13处公共图书馆、14处档案馆。全市出版各类杂志2766万册，出版报纸107615万份。2011年末，青岛市共有各类大专院校（含民办高校）24所，其中普通高校22所，在校学生29.1万人；普通中学290所，在校学生37.3万人；中等专业学校和技工学校90所，在校学生13.5万人；小学889所，在校学生48万人。数量巨大的受教育群体和众多的文化场馆表明青岛市在图书消费方面有着较大的需求，且随着科教水平的不断提高和文化设施的日益完善，这种需求也会逐渐扩大。

除了庞大的城市消费潜力，农村的图书消费也日益可观。按照中央和山东省的统一部署，青岛市自2007年开始在全市组织实施"农家书屋"工程建设，根据"政府主导"的原则，青岛市级财政按照每个"农家书屋"2.3万元的配置标准，累计投入资金近7000万元。2011年，青岛市级财政安排1750万元专项资金用于补助"农家书屋"工程建设。经过4年的努力，青岛市建成农家书屋6040家，提前实现了全覆盖。农家书屋不仅能满足农村人口的知识需求，还可进一步培养群众的阅读习惯，间接增加图书消费需求。

由此可见，青岛市在图书消费方面有着较大的潜力。面对如此庞大的图书市场，国营书店难以做到一家独大，民营书店势必能分得一定的市场份额。因此，虽然政策走向、市场环境等诸多因素使民营书店正面临着前所未有的困境和挑战，然而只要未来的市场继续存在，青岛市的民营书店就有发展的空间。

（二）有较强的消费潜力

1. 青岛市民的图书消费支出有待进一步提升

随着青岛市经济的飞跃式发展，城市居民的人均可支配收入和消费支出多年来一直稳定上涨，居民的生活状况得到了持续的改善（见图1）。

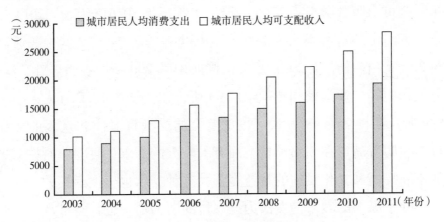

图1　2003～2011年青岛市城市居民家庭人均
可支配收入及消费支出

市民的文化消费水平离不开城市的经济实力和文化事业、文化产业的繁荣程度。随着经济的发展，文化机构和部门的软硬件设施不断完善，青岛市民的文化消费水平也在悄然发生着变化，人们的文化消费支出也在与日俱增。图2是2009～2011年青岛市教育文化娱乐服务人均支出情况。

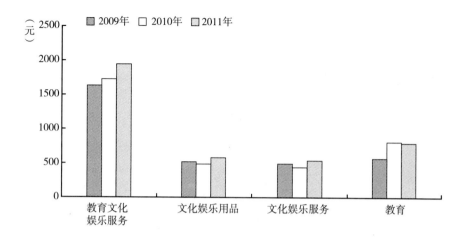

图2 2009～2011年青岛市教育文化娱乐服务人均支出

虽然青岛市民的文化消费支出每年都在上涨，然而与之相应的书报杂志、课本及参考书的支出却始终停滞不前，甚至某些年份还出现倒退的趋势，如2008年、2009年、2010年。

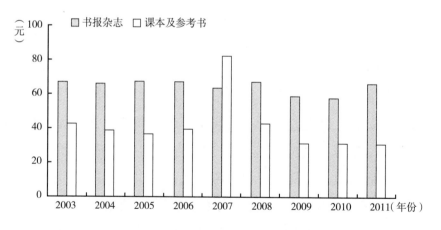

图3 2003～2011年青岛市城市居民图书消费人均支出

青岛市民图书消费支出的低迷与全市经济不断前进、文化消费水平日益提高的现状极不相称。青岛图书市场的报纸杂志消化量远低于国内一线城市的平均水平，青岛书城每天的利润只有一些大型日用品超市的1/8，人们去超市、商城有时一次就可能消费几百元，甚至上千元，但在书店一次消费200元以上的读者每年都屈指可数。目前青岛市的城市居民人均购书支出为7~8美元，略高于我国平均水平（见图4），仅相当于欧美的10%。

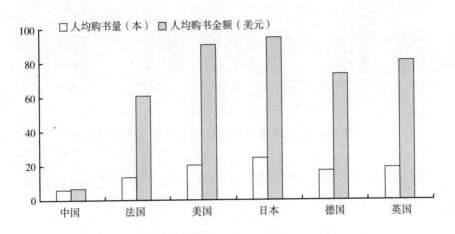

图4 世界主要国家人均购书统计

这表明在图书消费方面青岛市有较大的潜力可供挖掘，只是缺乏足够的消费动机和市场引导。一个充满活力的图书市场应该多元有序、竞争发展，仅仅依靠新华书店一家独大不可能激活整个青岛市的图书市场。要想改变图书市场多年来的萎靡不振状况，需要国营书店和民营书店共同合作，在全社会范围内形成良好的阅读风气，培养全民阅读的良好习惯，激发人们爱书、购书的欲望。

2. 白领和大学生的图书消费潜力有待进一步挖掘

众所周知，书店要想获得良好的发展，读者有买书的欲望才是其最大的动力，只有优秀的或流行的书才能激起读者的购买欲望。好书需要一定的聚集人群在一个公共阅读空间中进行传播，当下，学生群与白领群是最大的两个阅读群体，他们容易在人群中形成聚集效应，并且能很快在大范围内传播一本书。因此，挖掘白领和大学生群体的消费潜力，扩大其消费需求是广大民营书店实现破局的有效途径。

据相关统计，我国白领和大学生的精神生活消费（图书、报纸、杂志、音像等）占每月可支配收入（即除去必需的生活费用）的30%以下者占到半数以上，呈低购买力水平。在图书消费方面，抽样调查得知，青岛市大学生和白领的购书频率集中于1~3个月购书一次（见图5），即每人每年的购书次数为4~12次，这个频率相对于每年52个周末的休息时间来看是非常低的。

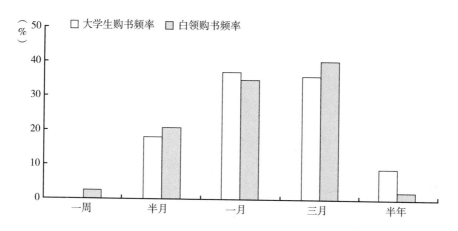

图5 青岛市大学生和白领的购书频率

造成青岛市大学生和白领图书消费低迷的主要原因包括以下几点。第一，资金压力较大。据统计，青岛高校的大学生大部分来自农村，其家庭的经济条件一般，而大学生每个月可支配的钱一般是由家庭提供，因此大学生的资金能力有限。在青岛工作的普通白领通常面临着昂贵的房价和生活压力，也无力在图书消费上进行大量投入。第二，网络和电子书的冲击。大学生需要查资料或者学习阅读时，可以通过图书馆和网络迅速获得各种信息，电子书产品的高速发展和互联网上的资源共享使得白领们也越来越倾向于在网上阅读。第三，大学生和白领们在读书之外都有不同的兴趣爱好。调查显示，很多大学生和白领不愿把视野仅仅局限于图书，所以也不愿把大多数生活费花在购买图书上。

若要提高青岛市大学生和白领群的购书积极性，扩大大学生和白领群在图书销售人群中的比重，引导他们对于图书的理性选择和消费，需要从多方面、多角度采取措施。第一，适当降低青岛市的图书价格。出版社和相关行业应该针对这一现象，制定和实施更合理的定价细则，使青岛的大学生和白领们能花比较少的钱进行图书消费。第二，大学生和白领们应扩大阅读范围，不应该只学习与自己专业相关的知识，而是应该全面涉猎，充实自己在文化、历史、地理、为人处世等方面的知识和能力，提高自己的竞争力，增强综合能力。这就要求大学生和白领群在选择书籍时不能只关注考证方面的图书。第三，建议广大青岛民营书店进驻校园和产业园区，提供优质图书。大学生和白领在正规书店购买图书的意愿非常强烈，所以民营书店应该抓住这一关键点，进驻青岛市各大高校和各种产业园区，为本市的大学生和白领提供优质的图书以及良好的服务。

三　青岛市民营书店未来发展建议

（一）民营书店的发展战略

针对民营书店的三种类型所具备的优劣势，根据迈克尔·波特（1980）三类成功型的战略思想，我们可以得到基本竞争战略与民营书店三大经营业态的匹配关系（见表3），广大青岛民营书店从业者可以根据自己所在的类型选择相应的基本发展战略。

表3 基本竞争战略与民营书店三大类型的匹配

书店类型 发展战略	独立书店	连锁书店	特色专门书店
目标集聚战略	是	否	是
成本领先战略	否	是	否
差异化战略	是	否	是

1. 目标集聚战略

目标集聚战略是指企业将主要精力、资源集中于某一特定顾客群，在产品链的某一区段或某一特定局部市场取得竞争优势，实现重点突破。目标集聚战略要求零售商着眼于行业中一个狭小空间来做出选择，一方面能满足某些消费者群体的特殊需要，另一方面可以以较低的成本在狭窄的领域里进行经营。

青岛民营书店中的特色专门书店和独立书店特别适合目标集聚战略，即采取专业化发展的策略。青岛市民营书店普遍存在规模较小、竞争力较差的现象，如果不能做到差异化发展，必然难以存活。相比之下，作为民营书店的最大竞争对手，国营书店在地段位置、经营规模等方面具有明显的竞争优势。民营书店一般很难处于城市的黄金地段，加上营业面积较小、图书品种不全，因此必须抓住自身特点，集中力量来寻求突破。特色专门书店可以在服务上做出特色，帮助读者更便利地购买到所需的专业图书，通过专业化的服务内容来锁定特定目标读者群。独立书店可以选择适合自己的专业方向进行差异化经营，利用有限的营业面积集中力量将一个门类的专业品种图书做全做深。上海天翼图书俱乐部作为专业经营财经管理类图书的特色专门书店已经取得了成功，创造了良好的经济效应和社会效益。

2. 成本领先战略

成本领先战略又称低成本战略，是指通过建立起达到有效规模的生产设施，全力以赴降低成本，严密控制成本与管理费用，使得企业的全部成本低于竞争对手的成本，甚至达到同行业中最低的成本。青岛民营书店中的连锁书店比较适合成本领先战略，即追求规模经济。连锁书店虽然难以在经营面积上压过国营书店，但是可以通过增加门店的数量来获得整体规模上的优势，伴随着规模的不断扩大，连锁书店的采购成本、经营费用通过分摊的方式呈现出下降趋势。

3. 差异化战略

差异化战略又称别具一格战略、差别化战略，是将公司提供的产品或服务差异化，形成一些在全产业范围内独特性较强的东西。一般适用于没有成本优势、又没有质量优势的情况，搞出特色，作为抽象价值，吸引一部分消费者。实现差异化战略可以有许多方式：设计或品牌形象、技术特点、外观特点、客户服务、经销网络及其他方面的独特性。最理想的情况是使自己在几个方面都标新立异。青岛民营书店中的独立书店和特色专门书店比较适合差异化战略。因为独立书店和特色专门书店往往规模较小，位置较偏，在与国有大型书店竞争时，往往处于劣势，所以，必须在营销的各个环节创造差异性，并做好客户细分工作，在满足客户某一需求或某几个需求方面做到专业性，人无我有、人有我优。无论是书店设计、产品陈列等硬件的建设方面，还是导购、接待、管理机制等软件的建设方面，都要做到给消费者带来别具一格的消费体验，来赢得客户忠诚。

（二）民营书店的运营策略

1. 建立现代企业制度

青岛大多数民营书店选择了家族式管理方式，但是随着书店规模的不断扩大，家族式管理的弊端被不断地放大，主要表现在：单一的产权主体导致对所有者缺乏有效的监督制衡，书店所有者基于其绝对的权威可以随意对书店经营进行决策，导致决策的严谨性不足；大多数书店没有制定一套科学可行的管理规范，缺乏销售、财务、人力资源等专门机构和专业人才，无法有效激励员工士气，保证书店高效运转。因此，这种一人或一家说了算的家族式管理模式在很大程度上制约了青岛民营书店的发展。

现代企业制度从产权、组织结构和管理形式三个方面提出了解决家族式管理问题的思路，为民营书店在二次创业时自身管理的困惑提出解决之道。因此，建立现代企业制度已成为青岛民营书店取得二次创业成功的关键。建立现代企业制度的大致思路包括以下几点。

第一，建立产权制度。要求青岛民营书店完善股份制结构，逐步将企业的经营权和所有权分离。对于采取家族式管理的民营书业企业，通过建立完善的产权制度，明确家族中各经济主体在产权关系中的权利、责任和义务，打破传统的一股独大的情况，逐步形成科学合理的股权结构。

第二，健全劳动治理机制。要求青岛民营书店在明晰的产权制度框架下，建立由股东大会、董事会、经理层组成的管理层以及与员工之间的委托代理关系，为民营书业企业建立现代企业制度理顺各方面的关系。尽快建立并完善相应的规章制度，强化监督职能，利用规章制度的外在约束力对职工权利进行规范。

第三，完善管理制度。要求青岛民营书店逐步建立起一套涵盖宏观和微观的全方位管理制度。尤其是微观层面的业务管理，涉及公司的生产、研发、人力、营销、财务等方方面面，科学的微观管理是民营书业企业实现科学规范的现代化管理的必由之路。此外，还应该建立一套从宏观上对企业经营者与管理者的监督机制，并制定相应的规章制度，用以监督和引导员工日常的工作和生活。

现代企业制度是指适应现代社会化大生产和市场经济体制要求的一种企业制度，是一个极其复杂的系统工程，集中体现了不同利益者之间复杂的经济关系，其中包含了独特的组织领导体制、独特的企业组织功能、独特的运行机制以及以人为本的企业理念和制度，其建立和实施会受到来自经济、政治、文化等各方面因素的影响。

因此，青岛民营书店尤其是规模较小的民营书店很难建立规范的现代企业制度，但是无论困难有多大，现代企业制度已经成为企业发展壮大的必经之路，广大青岛民营书业企业应抓紧机会深化改革，争取早日克服困难建立现代企业制度。

2. 优化人才机制

人才也是制约青岛民营书店发展的一个大问题。民营书店主普遍文化层次低，经营水平不高，店员普遍对其所在领域的图书不甚熟悉，业务也不精湛，不能对顾客进行很好的引导。建立起一套有效的用人机制是摆脱用人唯亲、吸引精通业务的各种高端人才进入青岛民营书店体系的必要前提。具体思路如下。

第一，灵活引进优秀人才。民营书店在引进人才方面有其独特的优势，依托其灵活的运营机制，可以根据企业对人才的需求随时进行招聘。民营书店在招聘人才时可采取各种方式，如举办招聘会、广告招聘、网络招聘、校园招聘、社会招聘、委托中介招聘等。此外，还可以跨行业招聘，将其他行业领域内的优秀人才引进到自己的企业当中，不需要像国有出版企业那样受到诸多规章制度的制约。

第二，建立留人机制。引进人才相对容易，留住人才才是优化人才机制的最终目的，是解决青岛民营书店人才问题的基本思路。青岛民营书店发展至今仍然缺乏稳定性，显得不够成熟，除了少数实力雄厚的大型书业企业，大部分民营书店的发展缺乏持久性。企业员工在这样的企业中由于缺乏安全感而无法安心工作，人心浮躁导致企业实力无法得到持续提升，反过来进一步挫败了员工的积极性，最终导致员工流失，企业衰败。因此，为员工创造良好的工作和发展环境，为企业留住人才，是企业发展壮大的重中之重。要想留住人才，就必须切实解决员工的各种实际问题，建立起良好的沟通和激励机制，如每周举办员工座谈会，建立工作绩效激励机制、企业文化激励机制、培训激励机制等，通过更好地为员工服务来激励员工更高效地为企业创造价值，实现双赢。

第三，建立人才培训体系。人才培训可以快速壮大企业的人才队伍，为企业在短时间内培养出大量素质高、忠诚度高、适应能力强的员工。青岛民营书店基于其自身经营规模和企业性质等先天条件，在人才吸引能力上无法与国营书店相提并论。因此，努力提升现有员工的综合素质，尤其是加大对骨干力量的投入和培养，是解决企业人才问题的有效手段。

3. 向产业链上游渗透

大部分青岛民营书店都处于产业链的销售终端，导致终端竞争过于激烈，产业链各部分发展不平衡。有实力的民营书店应采取纵向一体化战略，沿着生产经营链向上游出版物供应方向扩展。

第一，向出版渗透。具有一定研发实力的民营书店可以成立专业的图书工作室或图书公司，参与到图书选题策划、编辑加工等工作当中，加强与对口出版单位的合作，分享产业链上游的利润。民营书店和出版社各有优势，书店的优势在于选题信息广、市场营销快，出版社的优势在于书号资源和技术优势，若二者能通力合作，必然产生良好的协同效应。民营书店若要进入图书策划领域必须清晰地把握自身实力，明确发展定位。自身实力较弱的书店应避免单独涉入风险较大的图书策划领域，可以选择与专业从事选题策划与经营的图书公司或者书商合作，如从事教辅类出版策划的青岛四维文化传播有限公司在该领域已经走在了前列。

第二，进入批发领域。目前，国家已经放开二级批发、总发行、总批发领域，具有一定实力的民营书店应积极进入该领域，向上一级渠道谋求利润。发展地域锁定于地方的民营书店应考虑成为总发行企业的二级批发商，依托零售店打造规模较小但是业务精、服务全的小型区域中盘。如青岛爱知图书有限公司已经从青岛向全省乃至全国扩张，突破行政区域的界限，对周边地区形成辐射，在图书批发领域打开了一片天地。

4. 实现区域市场的密集式发展

青岛大多数民营书店规模较小，资源有限，发展区域仅限于当地，缺乏在全国范围内进行市场开拓的能力和需求，为了避免在新一轮发展中滞后，区域市场密集式发展是一个可行性较强的战略选择。区域市场的密集式发展包括区域内已有市场的渗透和新市场的开发两种方式。青岛民营书店可以先做强做大青岛的区域市场，在国家提倡大力发展文化产业的总体形势下，积极拓展农村市场，在未来的竞争中创造先发的在位优势。广东学而优图书文化发展有限公司在广东市场成功实现密集式发展值得借鉴，在渠道开发和渗透方面，广东学而优与当地邮购公司合作举办书展、发送广告，与培训机构合作进行图书直销，同时开发连锁图书超市、图书大卖场、图书馆、学校等诸多销售渠道，取得了不俗的业绩。

5. 引入资金并实现优势互补

在竞争日益激烈的图书市场上，青岛民营书店若想生存发展，必须减少恶性竞争，增加战略合作。各书店可以合资或互相持股，也可以就某一领域开展合作。合则两利，只有建立各种形式的合作关系，民营书店才能形成优势互补，积弱为强，由单赢走向多赢。

第一，民营书店内部之间的战略联盟。青岛各民营书店可以互相参股来加强合作，以突破个体书店长期以来的经营规模限制；也可以在物流配送、集中采购、集中管理、联合销售等各个环节展开全方位合作，从而全面提高合作双方的市场竞争力。如组建青岛民营社科文艺图书发行联合体、民营少儿读物分销联合体等机构。

第二，与新华书店的战略联盟。民营书店和国营书店存在较强的互补性，民营书店具有灵敏的市场反应力、灵活的经营方式、较强的竞争意识，国营书店则拥有强大的品牌影响力和优越的软硬件配备，因此民营渠道和国营渠道有着充分的合作前景，互相之间取长补短，实现协同效应。实力较强的民营书店还可以考虑参股到新华书店来分享利润。

第三，与业外资本的战略联盟。青岛市的经济发展水平较高，在书业领域外存在大量财力雄厚的业外资本，广大青岛民营书店应抓住机会，积极与业外资本合作交流，争取形成战略联盟，利用业外资本丰富的市场运营经验来帮助民营书店做大做强图书零售业。因此，民营书店应该着重关注那些具有零售成功经验的业外资本，把在其他行业的经验转嫁到图书零售业。

第四，与外资的战略联盟。民营书店可积极寻求与外资企业的合作，以自身在青岛图书市场积累下的各种本土资源、渠道优势、人力资源等作为筹码，吸引外资注入并学习国外先进的运营方式。尤其是外资书店的运营制度体系和零售管理能力对于青岛民营书店扩大规模进军连锁经营有着积极的参考价值。

6. 通过企业并购产生协同效应

除了战略联盟以外，民营书店可以考虑企业并购战略。民营书店的成长方式较为单一，过度依靠自身积累导致书店规模普遍不大。在国内所有的图书区域市场上，同一区域内都存在着多家书店竞争的局面，然而这些书店都存在规模较小、竞争优势不明显的特点，所以最终的竞争结果通常是两败俱伤。在这种情况下，为避免同一市场上的过度竞争并获得规模效益，企业合并战略是最明智的选择。此外，处于不同区域的书店若在业务品种上具有相似性也可以通过企业并购来追求规模效益或协同效应，比如同是经营教辅类图书或者经营纯文学类图书的书店，在采取企业跨区域合并后可以迅速在图书采购、配送、销售、管理等环节降低成本，提高效率，取得规模效益，增强企业的竞争力。

（三）政府扶持措施

1. 建立民营书店补贴制度

民营书店不仅仅是图书销售场所，更承担着传播文化信息、引领文化潮流、构建文化生态的重要功能，具有社会公益性。政府建立民营书店发展基金或特殊项目资助基金对民营书店进行补贴具有积极的市场效益和社会效益。因此，青岛市可以在文化创意产业专项基金中划拨一部分资金设立民营书店专项扶持资金，并根据实际需要来调整资金额度，以奖励、贴息等方式扶持民营书店健康发展。专项资金将用于扶持民营书店进行连锁发展，资助民营书店举办公益性文化讲座、学术论坛等，对社会效益突出、品牌影响力较大的民营书店进行奖励，对民营书店发展自身业务而申请的贷款进行贴息等。

2. 完善信贷服务体系

国内大多数中小型民营书店难以获得信贷方面的支持，因而其资金链较为脆弱，企业难以获得稳定发展的资金环境。参考国外政府对民营书店的信贷支持，青岛市可以通过政府建立信用担保，来加速民营书店的融资过程。例如，青岛市政府可以与图书出版界的担保公司建立担保基金会，以保证书店经营者从银行获得贷款，并给予一定的贷款优惠条件，如放宽贷款期、优先贷款、低利率等。

此外，政府应致力于通畅民营书店的信贷渠道。首先，青岛市政府可以出台相关文件来敦促国有商业银行改变"唯成分论"，自觉放弃"政府身份"，以平等的法人关系、契约关系来对待民营书店的信用关系；其次，青岛市政府财政可对向民营书店提供金融服务的国有商业银行和其他金融服务机构提供必要的财政支持。

3. 出台租金和税收优惠政策

青岛市政府可以根据城市文化基础设施规划的现实需要，为符合文化设施建设要求的民营实体书店提供一定的租金优惠或补贴，鼓励中小书店与邻近的文化功能设施相互协同、共同发展。在税收上，实行一视同仁的税收优惠政策，可以考虑将免征或少征增值税的范围普及到民营书店，提高民营书店的税后积累能力。

4. 规范定价制度

目前我国图书价格管理体系较为混乱，图书在销售环节任意定价、任意打折，导致恶性价格竞争情况严重，广大民营书店深受其害。针对该情况，青岛市可在本市范围内率先实践图书市场的价格约定制度，帮助民营书店提早适应未来日益规范的市场环境。约定价格制度是规范书业发展的一项重要举措，该价格机制的执行过程如下。

批发价由书业协会统一规定；零售价则由出版社对书店的规定价或出版社与书店的"建议价"构成。出版社将主要依据生产成本（主要是作者所要的版税）、读者的期望价格、纸张种类及印数来确定图书价格。为了消除图书发行销售领域的不良竞争现象，促使各书店将精力更多地投入到改进服务水平、提高效率的正常发展轨道上，为各民营书店发展提供一个良性的竞争环境，青岛市政府可以结合本市图书零售市场的具体情况制定合理的价格制度。

5. 实现政府信息公开化

国家有关文化产业的政策文件都是经由行政系统下发的，民营书店并不在发文序列中，国家出台的最新出版政策很难及时有效地传达到各民营书店，这不仅会影响民营书店经营者的重大决策，还会使其蒙受名誉和经济的双重损失。因此，尽快畅通信息公布渠道，保证与民营书店相关的最新政策能及时发布出去，对于民营书店的发展具有重要意义。针对上述情况，青岛市政府可委托市文广新局或文化产业协会建立专门的出版政策发布网站，或者与本市成熟的文化创意产业网站合作，利用民营网站在业内的强大影响力来及时发布最新的政策信息。此外，可由青岛市印刷发行管理处等主管单位出面，定期为民营书店组织各种培训，及时地向他们通报相关信息，传达相关精神。

青岛市文化消费现状及发展对策调研报告

青岛市政府办公厅　李　阳

文化消费指人们为满足自己的精神文化需求而消费精神文化类产品和服务的行为。文化消费是扩大内需的重要内容，是衡量群众生活质量的重要指标，也是文化产业发展的内生动力。要把文化产业打造成支柱产业，必须将文化消费打造成为"支柱性需求"，将文化产业的发展逐步由以投资拉动为主转向投资、消费和出口协调拉动。近年来，青岛市文化消费逐步走出低谷，呈现出增长迅速、热点突出、业态革新、充满活力的良好态势，成为消费需求的新亮点。但也要看到，目前青岛市文化消费仍处于较低的规模和层次，对文化产业的带动作用没有得到充分发挥，也与城市经济和社会发展水平不适应。中国社科院发布的《中国文化消费需求景气评价报告（2011）》对2009年全国36个大中型城市文化消费景气指数进行了排名，青岛市列第28位，仅高于武汉、乌鲁木齐、郑州等8个中西部城市（见附件1）。对此，我们采取问卷调查、座谈、实地考察等形式对青岛市文化消费问题进行了调研。

一　青岛市文化消费的现状

（一）文化消费支出稳步增长，但占居民消费支出的比重有所下降

近年来，随着全市文化基础设施的不断完善、文化产品的日

益丰富和居民收入的稳定增长，群众文化消费热情不断高涨，消费规模呈现逐步扩大的趋势，人均教育文化娱乐支出由 2006 年的 1639 元增长到 2011 年的 1930 元。但由此我们也发现，"十一五"以来，居民教育文化娱乐的年均增长率仅为 2.8%，不仅远远落后于经济总量和居民收入增长速度，而且占居民消费总支出的比重也呈现下降趋势，由 2006 年的 13.7% 下降到 2011 年的 10.0%（见附件 2），成为近几年居民消费支出中唯一一个比重持续下降的类别。国际经验表明，当人均 GDP 达到 3000 美元时，文化消费支出将快速增长，文化消费支出将占个人消费支出的 23% 左右；当人均 GDP 接近或超过 5000 美元时，会出现文化消费支出的倍增趋势。2011 年全市人均 GDP 突破 10000 美元，而目前教育文化娱乐人均消费支出仅占居民消费支出的 10.0%，再扣除教育支出，文化娱乐用品和文化娱乐服务的比重仅为 5.9%。可见，青岛市居民的精神文化消费仍然处于较低水平，居民生活的文化品质还不够高，消费潜力有待进一步挖掘。

（二）部分消费领域形成热点，但市场整体处于成长阶段

近几年，丰富的精神文化生活越来越成为群众的热切愿望，以量贩式 KTV、电影、网络为代表的娱乐休闲消费呈现井喷现象，成为文化消费的热点。2010 年青岛市娱乐文化创造增加值 24.6 亿元，"十一五"年均增长 42%；全市电影票房突破 1 亿元大关，年均增长超过 50%；网络文化创造增加值 2 亿元，年均增长 37.9%。但总体来看，青岛市文化市场还处于成长阶段，一方面，文化市场格局有待进一步完善，文化业态的发展还不均衡，市场环境建设需要加强。另一方面，文化消费容易受收入情况、价格变动、消费便捷性以及各种人为因素影响，不同群体之间消费差异较大；低俗、

迷信、炫富等背离主流价值观的文化消费受到少数人群的追捧，群众文化消费心理及消费行为还不够成熟。

（三）消费层次逐步提高，但消费结构不合理

当前，生活普及型文化消费的内容不断丰富，除电影电视、报纸杂志、文艺演出等传统文化消费方式外，网络文化、文化旅游、手机娱乐等逐步走进百姓生活。高端和特色文化消费方式不断增多，艺术品消费、高雅演出、艺术教育、个性书店、创意集市、出境旅游等消费方式蓬勃发展。青岛大剧院建成后，世界顶级演艺团体和明星频繁到来，进一步提升了青岛市文化消费的层次和水平。但也要看到，广播电视等传统文化消费方式仍然是大多数居民文化消费的重要方式，必需的文化教育支出仍然是很多家庭文化消费的主体，居民的文化消费意愿与实际支出差距较大，健康和谐、层次合理的文化消费结构还没有形成。

（四）城乡居民消费发展不平衡，呈现明显的二元结构

城乡文化基础设施、市场培育、收入水平等方面的差异，使城乡文化消费差异较大。问卷调查显示，青岛市城镇居民和农村居民的文化生活方式排名前三位的均是电视、网络和书籍，但排名四到六位的有明显差异：城区为电影院（44%）、旅游（35%）、手机（35%）；农村依次是文艺演出（27%）、社会文化活动（23%）、广播（20%）。由此可见，目前城市文化生活方式进入转型升级阶段，正由基本文化消费为主向娱乐型、享受型、发展型消费方式逐步过渡；农村文化生活中，网络的逐步普及拉近了城乡文化生活的距离，但其他文化消费仍然比较少，多是文化部门"送戏下乡"或举办公益文化活动。另据农业部 2008 年的数据，我国平均一个

农户全年文化消费金额为 139.3 元，人均不足 50 元，仅相当于目前两本图书的价钱。消费主体也多是城市打工的第二代农民工和上学的农村孩子，留守的老人和妇女基本上没有文化消费。

二 制约文化消费的主要因素

（一）收入和社会保障

目前我国投资、出口、消费失衡的矛盾比较突出，在国民收入分配中，居民收入所占的比例较低，增速低于财政收入增速和 GDP 增速，收入差距也比较大，严重制约了居民消费需求的有效增长。社会保障制度建设相对滞后，居民获得的有限收入主要用于基本生活、教育、医疗和住房开支，居民生活有后顾之忧，用于购买文化产品和服务的支出自然不多。特别是近两年，受金融危机影响，居民收入增速放缓，物价水平保持高位运行，直接影响了中低收入居民的消费积极性。一是日益增长的食品价格挤占了其他消费的空间。二是工业用品、服务和资源价格的全面上涨严重削弱了居民的实际消费能力，影响了消费预期，个人消费选择趋于谨慎。

（二）消费观念

青岛拥有丰富的文化资源和良好的文化传统，京剧、电影及各种演出等都拥有深厚的群众基础，但文化消费观念却比较保守，传统消费观念的惯性很大，表现为"重物质、轻精神"消费，一些消费能力比较强的人群可以在吃、穿、住、行方面一掷千金，却不舍得在精神享受方面加大投入。以 2010 年为例，全国居民教育文化娱乐服务支出占家庭消费支出的比重为 10.22%，而青岛市仅为

10.0%，低于全国平均水平。这种消费观念集中体现在演出市场上，多年来形成的"送票"传统使人们习惯于接受内部赠票或千方百计寻找"内部票"，而不愿意买票观看演出，要票现象积重难返，主动掏钱去看演出远未形成气候。

（三）文化产品和服务的结构性短缺

文化领域一直以来深受计划经济体制影响，文化产品生产在一定程度上不是由需求决定的，而是由"要求"决定的；文化产品生产很多不是面向市场，而是面向评奖。由此，一方面使国有文化单位生产的大量文化产品束之高阁，另一方面，群众对文化产品的多样化需求得不到满足。只有进一步加强文化产品和服务在生产、储存、传播、分配等环节上的市场化和产业化，才能使文化产品和服务的品种、样式得到丰富和发展，使文化产品和服务的供给能力得到提升，从而扩大文化消费的整体规模并提高文化消费水平，强力拉动文化产业的发展。

（四）文化产品价格

目前很多文化产品价格虚高，在很大程度上限制了文化消费。比如，近期受到广泛关注的国内网费问题，目前中国的互联网使用价格占居民收入水平的10%，这一比例是发达国家的10倍，而网速反而不到世界平均水平的一半。又如电影票价，目前一张电影票价约50元，青岛市城镇居民月平均收入仅够看约50场电影，而商业演出的基础票价均在300元左右，对于普通工薪阶层来讲是一笔不小的支出。问卷调查显示，居民认为当前价格偏高的文化产品，前五名依次是电影票（64.5%）、网络（53%）、文艺演出（49.5%）、书籍（42.5%）和有线电视（35.1%）；其中书籍消费方面，青岛市 68% 的农村家庭年购书经费在 100 元以下，在城区这一比例也达到了 20%。

（五）文化资源的城乡配置不均等

城乡经济社会发展水平的差异在文化方面表现得更为突出，尽管近几年青岛市着力加强农村文化基础设施和文化服务建设，实施了农村乡镇文化站和村文化活动室改造、广播电视村村通、农家书屋、"2131" 农村电影放映等文化工程，在很大程度上改善了农村文化建设的落后现状，但是城乡文化发展水平的鸿沟仍然存在。农村文化市场发展普遍比较滞后，文化品位不高，非法书刊、盗版光盘、违法演出等问题，更严重影响了农村文化市场健康有序的发展。长期以来这种城乡二元结构导致的城乡文化资源分配不均现象，制约了农村文化消费的规模和水平。

三　对策建议

文化消费支出在消费总支出中所占比重的大小，直接反映出国民生活质量的高低，是衡量一个国家历史文化积淀、社会文化氛围和国民文化素养的重要标志。党的十七届六中全会《关于深化文化体制改革　推动社会主义文化大发展大繁荣若干重大问题的决定》，首次对"扩大文化消费"进行了专门的论述，明确提出要"增加文化消费总量，提高文化消费水平"。2011 年底召开的中央经济工作会议强调指出，要着力扩大内需特别是消费需求，促进居民文化、旅游、健身、养老、家政等服务消费。刚刚胜利闭幕的市十一次党代会，开启了青岛建设宜居幸福现代化国际城市的历史征程，文化消费既是"转方式、调结构"的强大动力，也是衡量居民幸福水平的重要指标，亟待加强培育和引导，为城市发展提供强大的发展动力和文化支撑。通过深入分析研究，广泛吸收借鉴，笔者认为，促进文化消费，除了增加居民收入、强化社会保障、加强文化投资和基础设施建设等方面外，要特别注重以下几点。

（一）着力加大对文化消费的扶持

当前青岛市文化消费正处于活力增强、转型升级的关键阶段，迫切需要采取有力的政策措施，发挥"催化剂"和"加速器"的作用，将居民的潜在需求加快转化为消费行为，提升文化产业的发展速度、质量和水平，推动青岛市经济社会率先科学发展。相关建议如下。一是制定出台青岛市关于促进文化消费的意见，明确未来一段时期文化消费的目标、原则和具体举措，在市场准入、税收减免、政府补贴、价格调节等方面制定优惠政策，加强文化消费的激励和引导，力争到"十二五"末，青岛市文化消费达到副省级城市前列水平。二是将文化产业发展资金向文化消费倾斜。目前青岛市文化产业发展资金主要用于对文化项目、企业的补贴，但目前文化产业并不缺乏投资，投资也只有转化为最终消费才有意义。而文化消费正处于消费潜力的释放阶段，一旦有刺激政策，必将爆发出强大的活力，带动文化产业实现跨越式发展。为此建议转变思路，从文化产业发展资金中列出一定额度用于培育文化消费热点、降低文化产品价格，以刺激文化消费的增长。同时建议各部门把专项资金（如旅游产业发展专项资金、商务领域专项扶持资金等）中的文化消费相关项目纳入扶持范围，促进文化消费与相关产业的匹配和融合发展。三是给予低收入人群文化消费补贴。目前，广东省开展了"文化消费补贴计划"试点，给予全省城乡低保户每人每年一定数额的文化消费补贴，用于低保户订阅图书报纸、观看电影电视等基本文化消费。文化消费补贴从实施免费收看有线电视开始，以银行卡为载体进行发放，由商业银行制作发放文化消费补贴专用卡，建立专项账户管理。笔者认为，与住房、医疗、教育一样，文化也需要"最低保障"，建议青岛市借鉴广东经验，由财政出资给予城乡低收入人群一定的文化消费补贴，在保障他们文化权益的同时，培养低收入人群文化消费的观念。

（二）大力引导市民文化消费习惯与生活方式

把居民消费意愿转化为现实的消费行为，需要我们采取措施培养市民的文化消费习惯，将文化需求逐步变成"刚性需求"。一是适时开展"文化消费月""文化消费节""文化消费展"等活动，拓宽文化消费渠道。2013年春节，以萝卜会、糖球会为代表的民俗文化活动受到市民的持续追捧，旅游、读书、看电影等文化消费成为百姓过年的热门选择，过年的"文化味道"逐年浓厚。我们要顺应这一趋势，抓住传统和现代节日、旅游旺季等消费热点时期，组织开展各类文化节庆活动、文化产品促销活动、文化服务体验活动，激发居民消费热情。二是推出"文化消费卡"。采取政府主导或政府与金融机构联合的方式，向每位青岛市民发放一张"文化消费卡"，实现三大功能：①青岛公益文化场所"一卡通"，持卡可以免费借阅图书、观看文博展览、参加公益场所的文化活动等；②认证文化商户的"打折卡"，持卡在经认证的各文化商户内消费享受一定的折扣优惠；③市民文化消费的"积分卡"，市民参与各类文化活动越多，消费的文化产品越多，可以享受到的文化消费优惠和折扣就越多，达到一定积分的市民还可以优先免费观看中国国际小提琴比赛演出，参与青岛大剧院举办的数量有限的高端文化活动等。三是善于培育文化消费新亮点。要结合旅游城市特色，认真研究市民和外来游客的消费心理和消费习惯，培育以海洋、奥运、时尚、休闲、音乐、影视等元素为特色的文化消费热点，着力激活青岛"夜间经济"，提升文化旅游产业层次。四是要加强公共文化服务，通过公益演出、免费电影放映、全民读书、体育竞赛等活动，提供免费或优惠的公共文化服务，引导群众广泛参与到文化活动中来，享受文化服务，激发群众的文化自觉，进而逐步养成文化消费的习惯。积极引导文化消费选择，号召群众自觉参与和吸纳优秀、先进的文化，自觉抵制腐朽、没落的文化，形成良好的文化消费氛围和环境。

（三）发挥大型国有企业在促进文化消费中的作用

新组建的青岛广电影视传媒集团、青岛报业传媒集团、青岛出版传媒股份有限公司、青岛演艺集团和青岛网络传媒集团五大国有文化企业集团，涵盖了广播、影视、报业、图书、演艺、网络等主要的文化消费门类，掌控着青岛国有文化资源的主体，拥有文化传播的主渠道，有责任发挥文化建设的领军作用，在扩大文化消费、丰富岛城居民文化生活方面主动作为，这既是国有文化企业的社会职责所在，也是市场竞争中做大做强的必然要求。一要充分发挥了解本土文化传统、熟悉居民消费习惯、拥有优质文化资源等优势，创造体现青岛精神、描绘青岛发展的文化精品，开发适合青岛居民消费的文化产品和服务，占据本土文化消费市场的主体地位，成为满足青岛市民文化消费需求的主力军。二要主动让利于民。国有文化企业拥有的固定资产和无形资产均为全民所有制下的公共资源，在财政拨款、税收、用地、政府采购等方面享受政府政策，有义务也有条件为丰富市民精神文化生活做出贡献。在不影响市场有序竞争的前提下，国有文化企业要主动降低文化产品价格，提升产品质量，多生产普通群众消费得起、乐于消费的精神文化产品。三要策划实施一批对文化消费有促进作用的重大项目。国有文化企业要充分利用资源及网络优势，主动承担文化重大项目，如文化消费场所的建设、文化销售网络的建设、票务终端网络的建设、文化重大节会的组织等。近期，文化部出台了《"十二五"时期文化产业倍增计划》，明确提出实施重大项目带动战略，着力推进文艺演出院线建设、文化产业公共平台建设、国家数字文化产业创新工程、国产动漫振兴工程等九大工程，青岛的国有文化企业要积极争取国家政策支持，主动承接国家文化产业重大战略工程，抢抓文化产业发展机遇，带动青岛文化产业发展速度和质量的全面提升。

文化的外延无限宽广，文化产业的转型升级必将伴随着与旅游、体育、信息、物流、工业、建筑、会展、商贸、休闲等行业的充分融合，融合的过程中将提高这些产业的文化附加值，提升发展质量和核心竞争力。为此，建议青岛其他大型国有企业也要结合自身优势积极参与文化产业，促进文化消费。如青岛啤酒集团创立的啤酒节已经成功举办了21届，成为中国第一节会品牌，青岛啤酒博物馆成为岛城旅游最火爆的景点之一，创作的歌曲《倾国倾城》唱响全国，在拉动经济和文化消费方面发挥了示范作用。城投集团、国信集团也先后设立了文化类企业，在文化基础设施投资运营、文化旅游产业发展、举办大型文化展会等方面取得了良好的效益。建议鼓励更多有实力的大型国有企业投入文化产业，发挥资本、管理、产业、物流、人才等方面的优势，在促进文化消费，加快文化青岛建设方面发挥作用；鼓励大型国有企业以资本为纽带投入文化产业，进行跨行业、跨地区、跨媒体、跨所有制的整合重组，形成一批在文化领域内有一定影响力和竞争力的企业或企业集团，打造一批具有较强的国内和国际竞争力的"文化航母"。

（四）建立以需求为导向的文化产品生产供给机制

目前文化产品突出的供需矛盾，归根结底是由不合理的文化产品生产机制造成的。多年来，我们习惯以行政手段指挥调度文艺生产，尽管这种方法在特定历史时期发挥了很大作用，但是从根本上讲，这种自上而下的创作生产方式已经不适应市场经济条件下的文化繁荣发展的要求。文化生产多是从行政管理部门的主观意愿出发，文化产品对群众没有足够的吸引力，群众没有选择文化产品的余地，也就很难产生文化消费。因此，要激活文化消费，一要尊重市场规律，将文化生产方式由"以供代需"变为"以需定供"，真正建立起与市场接轨、与大众文化需求接轨的文化商业模式，让文化产品在市场竞争中接受考验，才能锻造出真正的精品。二要区别不同群体、不同欣赏水平、不同消费能力、不同消费习惯等诸多因素，开发特色文化消费，提供个性化的文化产品和服务；集中资源开发个性十足的文化精品，提高文化产品和服务的综合竞争力，不断打造新的消费方式和消费增长点。三要善于预判和创造文化需求。需求是可以满足的，也是可以创造的。要针对不同人群的潜在文化需求，予以分析、开发，定向制造相应的文化产品和创新的文化服务，激发文化消费热情，推动文化产业向更高层次、更宽领域发展。

（五）打造特色鲜明的海洋文化品牌

在文化领域的市场竞争中，经常出现所谓"赢家通吃"的现象，文化品牌以其强大的吸引力、感染力和影响力，往往占据市场的垄断地位。以电影市场为例，每年国产片前 20 名的票房就占据了整个国产片票房的 80% 左右。在旅游演艺领域，刘老根大舞台、张艺谋"印象"系列演出成为行业的主导者，但其所带来的示范效应并未产生连锁效应。包括青岛在内的许多地方也愿意搞旅游演艺，但始终做不成功，根本原因就是打造不出像他们一样的品牌。因此，青岛要打造文化消费的高地，必须培育立足青岛文化优势、代表青岛城市形象、具有国际和国内影响力的文化品牌。从青岛的文化特点分析，青岛文化是齐鲁文化与海洋文化的结合，根在齐鲁，特在海洋。青岛文化要真正培育品牌，彰显魅力，必须围绕海洋文化做文章。要抓住山东半岛蓝色经济区的建设机遇，利用青岛丰富而深厚的蓝色科技、人才和文化资源优势，大力发展海洋科技体验、海岛旅游、海派民俗、休闲度假、海洋文化产品制造等海洋文化品牌，建设海洋主题文化公园、海洋科技馆等文化设施，提升海洋文化产业层次，打造海洋主题文化消费的亮点。

（六）大力发展新兴文化业态

现代科技正在加速文化消费方式变革。网络、数字技术等现代科技的广泛应用给文化的生产和传播带来了深远的影响，催生了移动娱乐、网络音乐、3D 电影、动漫旅游、数字出版一系列新兴文化业态。一部《阿凡达》不仅创造了电影票房奇迹，而且开创了 3D 科技与电影相结合的全新时代，深刻地影响了普通观众的艺术视觉审美，改变了艺术的创造性思维空间。近几年，现代科技不仅让青岛的互联网文化、电影电视、数字出版、动漫游戏迅速发展，也让青岛的舞台艺术实现了根本性的变革，《蔚蓝青岛》《蓝色畅想》等大型歌舞演出也综合运用了先进的威亚、舞美技术，是青岛在科技与艺术创作有机结合方面的有益尝试。青岛是全国"三网整合"试点城市，"十二五"还将建设无线城市，这都将极大地改变人们的文化体验方式，对文化生产和消费产生深远而根本性的影响。应抓住和用好这一文化产业发展机遇，大力发展文化创意、动漫游戏、移动多媒体、数字出版等新兴文化业态，抢占文化产业发展的前沿制高点，增强文化产业的总体实力和核心竞争力。

（七）加快形成竞争有力的文化市场环境

要重点把握好以下三个方面。一是给予民营文化企业更大的政策优惠。国有文化企业不仅享受财政拨款，而且相比民营文化单位，在劳动保障、职称评审、经费补贴方面有巨大优势，在市场竞争中天然处于有利位置。建议在文化体制改革中，对民营文化单位在政府采购、税收、土地、职称认定以及提供公共文化服务等方面给予优惠和政策倾斜，进一步开放文化市场准入，鼓励民营文化企业做大做强，增强文化市场活力。二是加强建设文化产品流通网络。流通网络是文化产品从生产领域转移向消费领域的渠道和载体。要积极打破地区封锁、条块分割、城乡分离的传统市场格局，将文化产品销售的终端延伸向基层，实现低成本、高效率、广覆盖。要大力发展文化产品连锁经营、物流配送、电子商务等现代流通形式，打造能够辐射全国或区域的文化产品物流基地，培育现代文化流通企业，建设网络文化产品交易平台，构建起连接国内外、贯通城乡的文化产品流通网络。三是加快各门类文化市场和要素市场建设。比如，目前山东、安徽、上海、深圳等8个省市建立了文化产权交易所，成为文化产权交易、投融资、企业孵化的综合平台。建议青岛市借鉴相关经验，建立文化产权交易平台，推动文化产业要素集聚，同时积极打造有地区影响力的大型文化产品展销会，加快组建文化投资公司，实现青岛文化资源与金融资本的无缝对接。

（八）着力培育农村文化消费

正视农民的文化消费需求，努力培养文明健康、积极向上的文化氛围，从文化设施、活动、队伍、市场、机制五个方面入手，在保障农村基本文化服务的基础上，培养农民的文化消费观念，激发农民的文化消费热情。一要进一步完善文化基础设施建设。提升镇村文化设施建设水平，建设集宣传、教育、娱乐、健身、服务等多种功能为一体的综合性文化服务阵地，既要满足当前需要，又要适度超前。二要组织开展各类文化活动。除组织开展群众喜闻乐见的文艺、民俗类文化活动外，也要组织较高水平的文化活动，让农民开阔眼界、增长见识，提高文化鉴赏力和消费力，做到既保障、又引导。三要加强农村文化队伍建设，扶持各类民间演出团体发展，经常组织市级文化团体下乡演出，帮助民间演出团体提升艺术水平。组织评选各类文化专业户，对具有非物质文化遗产传承作用、具备较高发展潜力和水平的民间演出团体给予一定的奖励和补助。四要培育农村文化市场。积极培育各类农村文化市场主体，鼓励在农村兴办各类文化消费场所，在广播电视村村通的基础上，推进有线电视入户工作。扶持具有一技之长的农民农户从事文化生产和服务，着力发展乡村文化旅游，推动农民靠文化致富。五要健全农村文化建设机制。统筹城乡文化一体化发展，通过加大投入、引导投资、对口支援、动员社会力量参与等方式，使城市丰富的文化资源、要素和服务加快向农村地区延伸，促进农村文化建设的全面繁荣。

（九）加强文化市场监管

文化消费的过程不仅是对文化产品的体验和审美的过程，同时也是对其中蕴涵的世界观、价值观的审视和认同的过程。好的文化产品对人的发展和社会和谐具有促进作用。但在当前的文化消费领域，一是西方国家正在利用其文化产品加强意识形态的渗透和演变，二是背离社会主义核心价值观的腐朽没落文化在一定范围内存在，三是文化盗版侵权问题层出不穷，必须加大文化市场管理力度。要按照"一手抓繁荣，一手抓管理"的要求，以文化体制改革为契机，进一步加强市区两级文化综合执法机构建设，健全文化市场行政管理与执法机构机制，形成文化市场管理合力。文化部门要尽快转变职能，减少在文化领域的亲力亲为，逐步建立起以政府调控来引导文化产业运行的框架。

（十）建立青岛文化消费统计评价体系

在当前的统计体系中，经济运行的统计数据比较多，从恩格尔系数到 CPI，较好地反映了经济活动的运行变化及人民生活水平。文化消费作为衡量居民生活和文化产业发展水平的重要指标，青岛市却没有专门的指标体系来衡量文化消费。建议为文化消费建立专门的统计和指标体系，按照国际通行标准进行指标评价，每年进行定量、定性分析，明确中长期发展目标，为扩大文化消费提供数据支撑和决策参考。

附件1　2005 年以来大中城市文化教育消费需求景气指数变动态势

地区	起止年度自身纵向测评（起始年基数值＝100）				2009 年度各地横向测评	
	"十一五"四年权衡（2005～2009 年）		2009 年度权衡（2008～2009 年）		城乡区域无差距理想权衡（理想值＝100）	
	景气指数	排行	景气指数	排行	景气指数	排行
广　州	100. 2271	5	103. 0230	8	104. 7299	1
沈　阳	101. 7080	4	105. 3471	4	90. 2572	2
西　安	89. 7945	17	97. 5671	26	89. 5127	3
长　春	99. 2428	6	102. 5345	10	86. 9150	4
南　京	98. 9175	7	98. 1804	23	85. 0302	5

续表

地区	起止年度自身纵向测评（起始年基数值＝100）				2009 年度各地横向测评	
	"十一五"四年权衡 （2005～2009 年）		2009 年度权衡 （2008～2009 年）		城乡区域无差距理想权衡 （理想值＝100）	
	景气指数	排行	景气指数	排行	景气指数	排行
上 海	89.1014	18	101.2007	15	84.9968	6
北 京	93.1688	11	100.4607	17	84.0253	7
贵 阳	88.6858	20	116.0842	1	83.9293	8
太 原	97.3143	8	103.6993	6	83.7585	9
哈尔滨	103.5465	3	101.9857	13	83.7469	10
宁 波	95.4137	10	102.7283	9	80.5873	11
成 都	88.2344	21	107.8963	3	78.8288	12
合 肥	134.8815	1	99.6846	20	78.3923	13
银 川	91.8503	14	97.9159	25	75.0436	14
兰 州	82.1355	28	93.6909	30	73.5594	15
大 连	84.0659	25	97.2933	27	71.7845	16
南 昌	96.2138	9	94.5074	29	70.1160	17
福 州	110.8714	2	99.9721	19	69.8634	18
长 沙	78.5427	34	101.8376	14	69.4441	19
呼和浩特	91.9904	13	99.0898	21	69.4422	20
海 口	92.4483	12	91.7140	35	69.2969	21
南 宁	79.4564	33	102.1190	12	68.8228	22
济 南	90.3213	16	93.4062	32	67.9930	23
深 圳	86.8942	23	100.6932	16	67.5553	24
杭 州	82.1291	29	102.5033	11	67.5135	25
厦 门	88.9040	19	98.5435	22	67.4104	26
天 津	85.3041	24	100.4078	18	67.2001	27
青 岛	80.3132	31	93.3037	33	65.5164	28
武 汉	82.5287	26	109.3086	2	65.3094	29
乌鲁木齐	80.7412	30	93.5093	31	61.7178	30
郑 州	82.4011	27	98.0537	24	58.9466	31
石家庄	79.8285	32	97.1143	28	53.8861	32
昆 明	87.6738	22	103.4068	7	53.2860	33
西 宁	90.5715	15	92.1721	34	53.1830	34
拉 萨	142.5814	—	103.8405	5	45.1952	35
重 庆	54.4359	35	60.5926	36	39.4861	36
全国城镇	87.6115	—	100.4447	—	76.3037	—

资料来源：王亚南主编《中国文化消费需求景气评价报告（2011）》，社会科学文献出版社，2011，第 195 页。

附件2 2008～2011年青岛教育文化娱乐支出情况

项目	2008 年		2009 年		2010 年		2011 年	
	年人均支出（元）	占消费支出比重（%）	年人均支出（元）	占消费支出比重（%）	年人均支出（元）	占消费支出比重（%）	年人均支出（元）	占消费支出比重（%）
教育文化娱乐服务	1665.26	11.1	1623.40	10.0	1748	10.0	1930	10.0
文化娱乐用品	524.60	3.5	537.46	3.3	493	2.8	587	3.0
文化娱乐服务	388.13	2.6	504.83	3.1	445	2.6	551	2.9
教育	752.53	5.0	581.11	3.6	810	4.6	792	4.1

注：教育文化娱乐服务＝文化娱乐用品＋文化娱乐服务＋教育。

附　　录

Appendices

B.19

2012 年青岛文化创意产业大事记

1月

6日

由青岛市委宣传部主办、青岛市文化建设投资发展有限公司承办、招商银行协办的"招商银行之夜"——朝鲜血海歌剧团大型歌剧《梁祝》在青岛大剧院隆重上演。该剧是中朝重要文化交流项目之一，此次来青岛演出，是该剧应文化部邀请自2012年10月21日起来华巡演期间的重要一站，也是在山东省的唯一一站演出。

13日

由国家文物局主办，国家文物局第三次文物普查办公室、中国文物报社、青岛市文物局承办的《第三次全国文物普查百大新发现图片展》在市博物馆开幕。该展展至 2 月 6 日。青岛成为该展在首都博物馆首展后全国各大城市巡回展的第一站，也是山东省的唯一一站。

18 日

青岛广电影视传媒集团有限公司、青岛报业传媒集团有限公司、青岛出版传媒股份有限公司、青岛演艺集团有限公司和青岛网络传媒集团有限公司等市直五大国有文化企业集团，在青岛市级机关会议中心正式揭牌成立。新闻出版总署署长柳斌杰发来贺信。省委常委、市委书记李群，市委副书记、市政府党组书记张新起出席仪式并为五大集团揭牌。

30 日

由青岛市市南区政府、市南区文广新局主持召开的"浮山所文化山会"新闻发布会在区政府会议室举行。主办方宣布已有 600 多年历史的浮山所山会于 2 月 4 日（农历正月十三）在 1388 文化街开幕。届时包括民俗艺术展演等六大板块活动亮相山会。

2 月

5 日

由青岛市文化广电新闻出版局、青岛报业传媒集团、崂山区政府主办，崂山区委宣传部、区文化新闻出版局、青岛市民俗学会、崂山区非物质文化遗产保护协会承办的 2012 年崂山非物质文化遗产节在崂山世纪广场举行，有 20 余个国家级、省级非物质文化遗产项目参与活动，创历届之最。

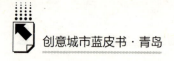

7 日

青岛市文化广电新闻出版工作会议在市级机关会议中心召开。会议提出，要准确把握当今时代文化发展新趋势，把握人民群众精神文化生活新期待，增强责任感和紧迫感，大力推动文化青岛建设，努力开创文化工作新局面。

18 日

由青岛市四方区文广新局、四方区民俗家协会主办的"第二届青岛市民间艺术鉴宝会"在四方区海云广场的青岛民俗馆举行。近百名市民带着家中的 210 多件"宝贝"来请民俗专家鉴定，经过鉴定评选，10 件具有青岛本地民俗特色的民间艺术品被评为十大民间艺术藏品。

23 日

中国水利政研会工作会议暨水文化建设研讨会在青岛市黄海饭店举行。会议强调，要进一步挖掘传承水文化遗产，认真梳理水文化遗产的科学精华和合理内核，切实保护好各种物质和非物质水文化遗产。

27 日

青岛交响音乐团 2012~2013 年新乐季发布会在人民会堂举行。青岛音协主席、青岛交响乐团团长连新国宣布，第一届李德伦全国指挥比赛落户青岛，于 2012 年 6 月 18~23 日在青岛市举行，4 月份确定来青岛参加现场比赛的 12 位选手名单。

3 月

5 日

由青岛市委宣传部、市文广新局、市财政局、市文联组成的第十届中国艺术节青岛市美术创作活动领导小组，从即日起面向全市征集国画、油画、版画、水彩（粉）画等美术作品，以期在 2013 年举办的"十艺节"全国美术作品展评上展现青岛美术实力和特色，提升青岛市美术事业的知名度，推进文化青岛建设。

20 日

青岛市政府办公厅正式发布《青岛市历史建筑保护管理办法》，对青岛市的历史建筑认定、保护、利用和管理均作了明确的界定和规范，让未认定为文物保护单位，也未登记为不可移动文物的建筑物和构筑物有了保护办法。

28 日

文化部督查组对青岛市"创建国家公共文化服务体系示范区"和"三馆一站"免费开放工作做出反馈意见。通过听、看、查、访、议，督查组一致认为，在经济快速发展的同时，青岛市委、市政府高度重视公共文化服务体系建设，按照国家东部地区创建标准，积极推进组织领导、服务供给、资金保障、制度设计 4 个体系建设，取得显著成绩，总体评分为优秀。副市长王修林，省文化厅厅长亢清泉出席会议。

30 日

由青岛市市南区文化新闻出版局、华夏银行青岛分行、青岛交响乐团主办，青岛市音乐家协会、青岛市艺术研究所协办，青岛音乐厅承办的"华夏银行之夜·周末音乐会"系列之五——"世界经典木管重奏专场音乐会"在青岛音乐厅举办，作为青岛交响乐团"雅乐惠民"室内乐系列音乐会的第一场演出，本场音乐会特别邀请当今国际著名长笛演奏家韩国良教授演奏《塞维利亚理发师》、《小夜曲》和《小步舞曲》等多首世界经典木管重奏乐曲。

4 月

8 日

《青岛日报》刊登了《关于青岛市二〇一一年预算执行情况和二〇一二年预算（草案）的报告（摘要）》，其中在 2012 年财政预算草案中安排 1.5 亿元资金用于青岛市宣传文化专项资金。

9 日

青岛市正式公布了第三批市级非物质文化遗产名录，列入本批名录的非物质文化遗产共计 4 大类 12 个项目，另外还有 2 个市级非物质文化遗产扩展项目。

13 日

由国家广电总局电影局和新西兰电影委员会主办，山东省广播电影电视局、青岛市文化广电新闻出版局、青岛万达国际电影城承办的第六届新西兰电影节在青岛万达艾美酒店启幕。新西兰电影代表团副团长、奥克兰市议员理查德·诺森和代表团成员与来自省、市有关部门的领导济济一堂，共同出席开幕仪式并观赏了展现奥克兰城市风情的爱情喜剧《爱情鸟》。

15 日

在中国国内旅游交易会新闻发布会上，胶州市有关负责人宣布，由中国文学艺术界联合会、中共山东省委宣传部、青岛市人民政府主办，中国舞蹈家协会、山东省文学艺术界联合会、中共青岛市委宣传部、胶州市人民政府承办，中国民间文艺家协会、山东省舞蹈家协会、青岛市文化广电新闻出版局、青岛市文联、中央电视台《民歌中国》栏目协办的"龙腾盛世舞秧歌"第三届中国秧歌节 5 月在胶州市三里河公园拉开帷幕。本届秧歌节活动时间从以往的 3 天延长到 1 个月，天津泥人、北京内画壶、苏州刺绣等 20 多名民间艺术家现场献艺，包括海阳秧歌在内的全国 30 多支秧歌队伍在胶州轮番登场，展示各个地域的秧歌绝活。

22 日

在"4·26"世界知识产权日来临之际，青岛市举行了著作权保护行动启动仪式。市委常委、宣传部部长胡绍军，市人大常委会副主任邹川宁出席仪式，市"扫黄打非"暨文化市场管理工作领导小组有关成员单位负责人、全市文化执法系统工作人员、文化市场经营单位代表以及学生代表和义务监督员代表共 200 多人参加了活动。

27 日

平度书城举行开业典礼，青岛市政协副主席郏晋生，中国图书商报副总编辑陈斌，青岛市委宣传部副部长、文广新局局长姜正轩等出席开业典礼。新开业的平度书城，建筑面积 1 万余平方米，图书品种达 8 万余种。书城突破了传统书店的局限，以图书销售为主，多元发展，集经营图书、音像制品、文体用品、数码产品、工艺礼品、儿童玩具、字画、珠宝玉器等于一体，共有 20 多个经营门类，是文化阅读兼休闲娱乐所在。

5 月

5 日

为了更好地保护莱西市木偶艺术，由莱西市政府和莱西市文物部门共同投资建设的莱西市木偶艺术馆正式开馆。艺术馆位于莱西城区烟台路东侧，空间虽然不大，但布置设计让人耳目一新，别有趣味。

7 日

由青岛市话剧院与山东工艺美术学院数字艺术与传媒学院共同创建的教学实践基地在山东工艺美术学院正式挂牌成立。一家拥有半个多世纪历史的专业文艺院团和一个拥有戏剧影视美术专业国家一级学科的艺术名校，正式牵手合作，欲培养理论与实践相结合的专业表演人才。

13 日

按照住房和城乡建设部、文化部、国家文物局、财政部要求，青岛市即日起至 6 月 30 日前开展传统村落调查，掌握青岛市传统村落的数量、种类、分布、价值及其生存状态。

15 日

据省文物局公布消息，目前世界上现存最为古老的长城——齐长城保护工程进入具体实施阶段。山东省计划启动 10 段齐长城的抢救性工作，而作为齐长城东部终端的胶南市和黄岛区境内的长城，自西向东主要有少海连墙遗址、背儿山遗址、西峰关遗址、扎营山遗址、小珠山遗址、胶南入海遗址。从 2012 年下半年起，胶南段齐长城率先启动修复工作。

31 日

据《青岛日报》消息，世界知识产权组织（WIPO）与国家版权局合作开展的 2012 年"世界知识产权组织版权金奖（中国）"推荐评选活动已经结束，共评出"保护奖"、"作品奖"和"推广应用奖"三个奖项的 14 个获奖单位。其中，青岛市文化市场行政执法局荣获 2012 年"世界知识产权组织版权金奖（中国）——保护奖"。

由国家广播电影电视总局法规司、国际合作司与中国广播电视协会、德国巴伐利亚州广播电视台主办，山东省广播电影电视局、青岛市广播电视台承办的"2012 年中德广播影视法治论坛"在青岛市开幕。中德双方专家共同探讨了在法制环境下广播电视媒体的社会责任。国家广电总局副局长张丕民，副省长张建国，中国广播电视协会会长李丹，市委常委、宣传部长胡绍军出席论坛。

6月

9日

在我国第七个文化遗产日里，由青岛德国总督楼旧址博物馆（迎宾馆）主办的《十九世纪欧洲贵族奢华生活用品实物展》、《"回眸百年"老照片图片展》、《青岛老建筑模型展》、《东西相会建筑之巅》和《"与建筑对话"建筑艺术图片展》五大展览在青岛德国总督楼旧址博物馆（迎宾馆）举行。

由市文化广电新闻出版局主办，青岛市非物质文化遗产保护中心承办的"青岛市非物质文化遗产保护宣传周"在五四广场拉开帷幕。在历时半个多月的"宣传周"中有七大板块文化活动。

12日

由山东省新闻出版署主办，青岛市文化广电新闻出版局、青岛市市北区人民政府承办的山东省（青岛）数字出版基地授牌仪式在青岛市市北区万达艾美酒店举行。山东省政府副省长张建国和省新闻出版局局长宿华一行出席了授牌仪式。张建国副省长亲手将"山东省（青岛）数字出版基地"的牌匾交给了青岛市副市长栾新。

21日

"世界知识产权组织版权奖（中国）颁奖典礼暨第四届中国国际版权博览会开幕式"在北京人民大会堂举行，青岛市文化市场行政执法局在评出的"保护奖""作品奖""推广应用奖"三个奖项的十四个获奖对象中，荣获2012年"世界知识产权组织版权金奖（中国）——保护奖"，首次站到了世界知识产权组织版权最高领奖台上。新闻出版总署党组书记、署长，国家版权局局长柳斌杰出席典礼并向获奖单位颁奖。

28 日

由青岛出版社编辑出版的《文化青岛书系》在青岛出版集团举行首发式。《文化青岛书系》由《乡土青岛》《古今青岛》《品牌青岛》《文明青岛》《艺术青岛》《时尚青岛》《魅力青岛》《蓝色青岛》八种图书组成。市委常委、宣传部部长胡绍军出席首发式并向青岛十二区市宣传部、市文广新局等单位赠书。

7 月

2 日

国家文物局博物馆与社会文物司博物馆处处长辛泸江带领专家组一行 7 人来青岛，对青岛市国有可移动文物普查试点工作开展了中期评估，山东省文物局副局长周晓波和博物馆处调研员郭思克专程参加评估工作。

3 日

从青岛市政府举行的新闻发布会上获悉，《青岛市文化市场综合行政执法管理办法》于 8 月 1 日起正式实施，此次我市文化综合执法将有法可依，同时也成为副省级城市中首个拥有文化执法法律规范的城市。

11 日

由青岛市文联主办的青岛市首批"特色文艺之乡""特色文艺示范基地"命名授牌仪式新闻发布会在青岛国际新闻中心举行。市文联党组书记、副主席孙宪政，党组成员、副主席谢志强以及五市三区文联主席和首批命名授牌"特色文艺之乡""特色文艺示范基地"的基层乡镇代表出席。共有 42 个基层乡镇申报此次"特色文艺"评选活动，经专家初审、实地考核、综合评审等程序，最终评选出 8 家"特色文艺之乡"和 1 个"特色文艺示范基地"。

22 日

由青岛报业传媒集团、青岛市音协钢琴专业委员会、孔裔国际教育集团、青岛新闻网主办，孔裔教育·牛津国际公学、青岛市文化艺术交流中心、青岛城投国际教育园承办的"孔裔教育·牛津国际公学杯青少年钢琴大赛"月决赛在牛津国际公学小礼堂进行。12 名青少年现场比拼，钢琴家玛丽安吉拉·瓦卡泰洛现场点评，最终有 6 名选手进入总决赛。而赛前，瓦卡泰洛上演了一台精巧的个人演奏会。

26 日

由青岛开发区管委会（黄岛区人民政府）主办，中国·青岛凤凰岛（金沙滩）文化旅游节组委会承办的第十五届中国·青岛凤凰岛（金沙滩）文化旅游节开幕式在开发区市民文化广场隆重举行，拉开了为期近两个月的本届文化旅游节序幕。

8 月

5 日

由中国音乐家协会和青岛市政府联合主办，青岛市教育局、市文广新局、中国音乐家协会管乐学会承办的首届"中国管乐杯"全国中小学生管乐独奏展演暨夏令营在青岛市政府门前广场启动。中国文联副主席，中国音协分党组书记、副主席徐沛东出席；市委副书记、市长张新起宣布活动启动；市领导王广正、邹川宁、李学

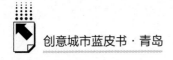

海等出席。本次展演活动吸引了来自全国各省市及青岛地区的近600 名中小学生选手参加。

11 日

由青岛市会展业发展办公室、青岛市文化广电新闻出版局主办，青岛时空演出有限公司、青岛歌舞剧院有限公司承办，青岛银行、青岛报业传媒集团、青岛同步广告传播有限公司协办的第 22届青岛国际啤酒节开幕式暨大型文艺晚会在青岛天泰体育场举行。

19 日

由中国文学艺术界联合会、青岛市委宣传部、中国电视艺术家协会联合主办的"迎接党的十八大——中国电视艺术家协会青岛书画展"在市博物馆开幕。中国文联党组书记、副主席、书记处书记赵实，省委常委、市委书记李群，全国政协常委、中国文联副主席、中国视协主席赵化勇出席开幕式。中国文联党组成员、书记处书记夏潮，市委常委、宣传部部长胡绍军，著名表演艺术家、中国视协副主席、诗书画学会会长唐国强分别致辞。

29 日

全国文化市场综合执法规范化建设工作会暨省级文化市场管理工作领导小组办公室负责人座谈会在青岛黄海饭店举行。文化部党组成员、副部长王仲伟，副省长张超超，市委副书记王伟，中宣部改革办主任黄志坚出席会议并讲话。文化部文化市场司司长李雄主持会议。全国各地文化市场综合执法机构的相关负责人参加了会议。

9 月

2 日

第四届山东文化创意产业博览会在济南国际会展中心落下帷

幕。闭幕式上公布了"优秀组织奖"和"优秀展示奖"获奖单位名单，青岛市获得"优秀组织奖"，青岛市综合展区、胶南市展区、青岛出版集团、青岛创意100产业园、青岛英派斯健康科技有限公司、青岛国棉6虚拟现实产业园、山东即墨妙府老酒有限公司七个展区以精心策划获得"优秀展示奖"。文博会开幕首日，我市有8项文化产业项目参加重点项目现场签约仪式，总投资额达47.8亿元。除此之外，4天展会期间，青岛市20余家参展企业完成意向成交额达到9.7亿元。

6 日

第二届中国非物质文化遗产博览会在枣庄古城台儿庄开幕，全国700多个非遗项目和400多位传承人汇聚一堂，青岛市16个非遗项目参展。

8 日

第26届中国电视金鹰奖评选暨第九届中国金鹰电视艺术节在长沙落下帷幕，由青岛市广播电视台与青岛名扬影视传播有限公司联合出品的电视剧《厂花》，从各省市推选参赛的精品剧中脱颖而出，荣膺本届金鹰奖"优秀电视剧奖"。这是青岛市广播电视台继《我是太阳》和《家常菜》连续荣获两届中国电视剧飞天奖之后，在本土电视剧制作上的又一突破。

14 日

山东省文物局局长谢治秀、省文物局纪检组组长陈钟率领省文物局相关处室负责人，对青岛市的民办博物馆运行情况进行了调研，对青岛市促进民办博物馆发展的做法给予了高度肯定，并就做好下一步的工作谈了重要意见。青岛市文广新局党委委员、文物局局长郑安新，文物局副局长陈启，和市卫生局、崂山区、胶州市有关负责人陪同调研。

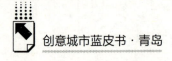

24 日

2014 青岛世界园艺博览会组委会在人民大会堂召开第一次会议。会上，组委会听取了 2014 青岛世园执委会近期的工作汇报，审定并通过了 2014 青岛世园会的会徽"七彩花艺"、吉祥物"海精灵——青青"设计方案。

27 日

青岛市第十届中国艺术节倒计时牌揭牌仪式在五四广场举行，市委常委、宣传部部长胡绍军，副市长栾新出席仪式，并为倒计时牌揭牌。十艺节倒计时一周年的相关文化活动同时启动。中国艺术节创办于 1987 年，每三年举办一次，是我国规格最高、规模最大、影响最广泛的国家级艺术盛会。第十届中国艺术节将于 2013 年 10 月在济南启幕，青岛作为重要承办城市，承接部分赛事和闭幕式。

28 日

由中华人民共和国文化部主办，青岛市人民政府承办的"大地情深"——国家公共文化示范区创建城市群众文化晋京展演山东省青岛市专场演出——"蔚蓝情怀"在北京海淀剧院上演，浓郁的齐鲁风韵、青岛特色，以及饱含时代风貌的文艺演出，受到好评。"大地情深"晋京展演活动，是由文化部组织的全国 40 台异彩纷呈、各具特色的地方演出组成的，青岛作为首批国家公共文化示范区创建城市，代表山东省晋京展演。

10 月

6 日

由青岛市文广新局主办，青岛日报报业集团、青岛出版集团、青岛广电集团协办，青岛当代中国书法院承办的第四届全国（百家）著名书法家邀请展在青岛市美术馆隆重开幕。该展览两年举办一次，展览由中国书法院学术提名，在全国范围内邀请 100 位有影响力和实力的书家参展。由青岛出版社出版的第四届全国（百家展）著名书法家作品集也在开幕式当天首发。

17 日

由文化部主办，青岛市人民政府承办的第十届全国青少年小提琴比赛开幕式暨选手抽签仪式在香格里拉大饭店举行。文化部文化科技司副司长王丰，副市长栾新出席开幕式。全国青少年小提琴比赛创始于 1981 年，是文化部主办的"文华艺术院校奖"系列赛事之一，每三年举办一届，现已永久落户青岛。

19 日

青岛文化创意产业网启动仪式在青岛国际新闻中心举行。该网站共开设 17 个栏目，主要包括青岛市文化创意企业的风采展示、最新的文化创意产业发展动态、创意青岛、创意剧场以及原创视频、他山之石、名家之声、学术交流、政策解读等栏目。另外，网站还专门设立了项目招商栏目，为青岛市文化创意企业提供方便快捷的招商平台。

25 日

青岛市出版物和文化产权交易中心招商推介会在出版物交易中心招商大厅召开，青岛市出版物和文化产权交易中心正式对外招商，30 余家文化企业的代表出席了招商推介会。据悉，该中心是目前山东省内经营规模最大的文化市场，预计 2012 年底建成，2013 年上半年投入使用。

30 日

青岛市政协文史工作会议暨《青岛文化通览》首发仪式在黄

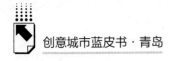

海饭店会议中心召开。会议通报了全市政协文史工作的成果，部署了下一步的主要工作，市政协副主席李学海出席会议并讲话。

11 月

6 日

全国新闻出版系统第九次党建暨精神文明建设工作座谈会在青岛召开。新闻出版总署党组成员、副署长孙寿山出席会议并讲话。市委常委、宣传部长胡绍军致辞。

即墨文广新局对外公布了即墨第三批非物质文化遗产目录。共有 6 个项目入选。分别为：民间文学 2 项——荆条山传说、天柱山传说；传统技艺 2 项——田横砚制作技艺、即墨水煎包传统制作技艺；民俗 1 项——盟旺山庙会；传统医药 1 项——邱医堂膏药制作技艺。

16 日

据《青岛日报》消息，第九届国际中老年合唱节在奥地利维也纳金色大厅举办。青岛四方区老干部合唱团凭借唯一的无伴奏混声合唱从 11 支代表队中脱颖而出，夺得大赛金奖。这也是四方区老干部合唱团继全省老年歌咏大赛获得金奖之后又一次获得冠军殊荣。

22 日

由青岛市文化广电新闻出版局主办，市非物质文化遗产保护中心、青岛华润中心 · 万象城承办的"齐鲁文脉跨越千年的行走——青岛非物质文化遗产探寻之旅"活动在市南区青岛华润中心悦府营销体验中心启动。目前青岛市拥有非物质文化遗产国家级项目 11 项，省级项目 23 项，市级项目 61 项，全面覆盖了民间文学、传统音乐、传统舞蹈、传统美术、曲艺、传统戏剧、传统手工技艺、传统体育游艺与竞技、传统医药、民俗等十大门类。

12 月

3 日

为深入学习贯彻落实党的十八大精神，加快推进青岛市公共文化服务体系建设，在第二十七个国际志愿者日来临之际，由青岛市文化广电新闻出版局主办，青岛市博物馆全面承办的青岛市文化系统"十佳志愿者之星"表彰暨庆祝"国际志愿者日"活动在市博物馆隆重举行。经过层层选拔和社会公示，市南区文广新局孙日成等 10 个个人/团体荣获"青岛市十佳文化志愿者之星"称号；青岛科技大学冯军波等 10 个个人/团体荣获"青岛市十佳文化志愿者之星"提名奖。

10 日

山东省文物工作暨表彰会议在山东省政府礼堂举行，文化部副部长、文物局局长励小捷同志，山东省委副书记、省长姜大明同志，山东省委常委、宣传部部长孙守刚同志出席会议并做重要讲话。青岛市副市长栾新，市委宣传部副部长、市文广新局局长王继刚，市文物局局长郑安新与青岛市获奖集体和个人出席会议。

14 日

山东省文物局组织专家组一行到青岛市对申请设立的 8 家博物馆进行现场勘验，青岛市文物局局长郑安新、崂山区副区长王永健等有关人员陪同。2012 年青岛市共有 8 家文博场馆依据《博物馆管理办法》有关规定申请设立博物馆，其中，行业博物馆三家，分别是青岛纺织博物馆、双星鞋文化博物馆、青岛口腔医学博物馆；民办博物馆 5 家，分别为青岛冯氏钢琴艺术博物馆、青岛金石馆、青岛崇汉轩汉画像砖博物馆、青岛渔盐民俗博物馆、胶州九兴博物馆。

27 日

据青岛市动漫创意产业协会有关会议公布的消息，2012 年以来青岛市动漫创意产业取得了长足发展，动漫作品《崂山传奇之王七学艺》获得"泰山文艺奖"一等奖等丰硕成果。自 2008 年市动漫创意产业协会成立以来，会员单位从最初的 70 多家发展为180 家，青岛市动漫创意产业的创作实力日益得以凸显。

B.20

后工业时代的先驱，脉络延伸美丽中国

——世界文化创意产业集聚区分布研究

一 世界范围内文化创意产业集聚区分布情况

《世界文化创意产业集聚区分布图》（以下简称《分布图》）第 1 版始于 2009 年。当时，国内关注以及了解文化创意产业集聚区的人群并不多，但作为具有前瞻性的一份研究资料，《分布图》被保存并延续了下来，目前已经更新至第 4 版。首先，从图 1 中可以看出近几年世界文化创意产业集聚区数量的增长情况。

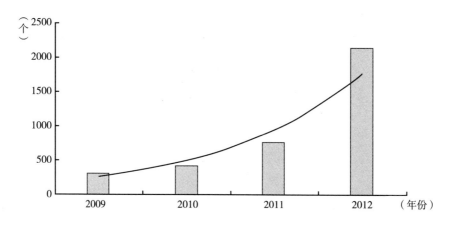

图1 2009～2012 年世界文化创意产业集聚区数量增长情况

根据《分布图》的统计数据，2009 年世界文化创意产业集聚区为 312 个，2010 年为 388 个，较 2009 年增长了 24.4%；2011 年集聚区数量为 747 个，2012 年集聚区数量达到 2161 个，较 2011 年增长了189.3%，属于爆发式增长。为什么2011～2012年，世界文化创意产业集聚区会发生这样突发式的增长，在这增长的背后又隐含了怎样的时代背景？从下文中我们可以找到答案。

接下来，我们看一下各大洲（除南极洲和北极外）2011～2012年文化创意产业集聚区数量以及2012年的分布情况（见图2、图3）。

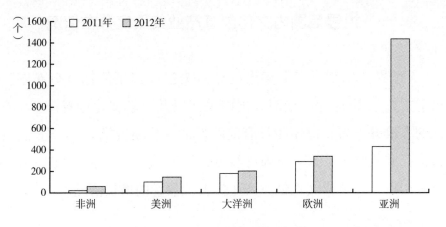

图2　2011～2012年五大洲文化创意产业集聚区数量情况

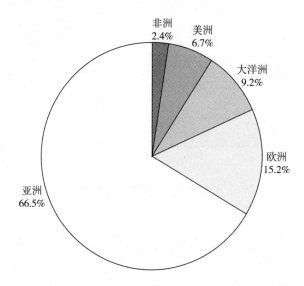

图3　2012年世界文化创意产业集聚区分布情况

图 2 显示，就整体集聚区数量而言，五大洲中，非洲在整个世界文化创意产业集聚区中所占比重最小，而亚洲所占比重最大。非洲在文化创意产业发展方面较弱是可以预见的，毕竟非洲还处于温饱问题没有完全解决的阶段，人们不会有闲情逸致去创造，但这是否意味着亚洲的文化创意产业发展得最好呢？结论也未必尽然。虽然亚洲文化创意产业的集聚区数量在 2012 年迎来了骤增，表明 2011 ~ 2012 年世界文化创意产业集聚区的爆炸式增长主要源于亚洲，但其发展的态势以及所能带来的效益还值得观察。相对而言，欧洲、大洋洲以及美洲集聚区数量比较稳定，说明其文化创意产业发展基本成型，产业发展链条相对完善。

　　而在各个洲中，哪些国家的文化创意产业发展走在前列呢？让我们先来看一下图 4 所示的热力分布图。

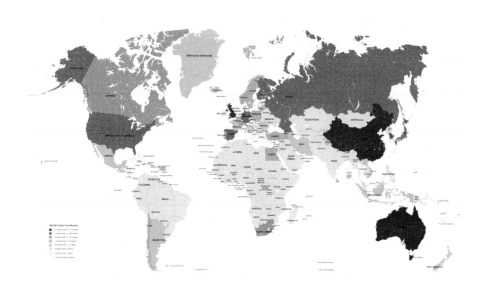

图 4　2012 年世界文化创意产业集聚区热力分布

在图 4 所示的热力分布图中，颜色越深，表示该地区的文化创意产业集聚区数量越多。从图中不难看出，集聚区主要集中在中国、澳大利亚、英国、美国、韩国、日本、俄罗斯、加拿大、德国以及西班牙等国家，而除中国外，其他均为发达国家。不禁让人产生疑问，是什么促动了国内文化创意产业集聚区的发展，而国内文化创意产业发展得究竟怎样？

二 中国文化创意产业集聚区分布及发展情况

在对国内文化创意产业集聚区进行梳理后，大概可以把国内文化创意产业集聚区的发展分为以下五个阶段。

（一）2000 年以前

大多为城市规划中涉及的文化场馆，包括文化馆、美术馆、博物馆、电影院、剧院和部分文化市场用地的使用。

（二）2001～2004 年

由于对文化创意产业园区建设的模糊认识以及房地产热的冲击，文化创意产业园区以"艺术区"、自发集聚区为主；又由于国家政策不明显，特别是土地性质的模糊，文化创意产业园区发展遇到瓶颈。

（三）2005～2007 年

由于经济形势良好和部分东部沿海开放城市，特别是以上海、杭州为代表的一批较为开放的地方政府，开始尝试旧厂房的现代服务业开发，从而吸引了大量投资进入，也伴随着旧城区改造出现了短暂的春天。

（四）2008～2010 年

在经济危机之下，许多创意园区的兴建受到资金瓶颈制约，园区数量有所下滑。但是在 2009 年国务院出台《文化产业振兴规划》后，投资形势又重新趋暖。

（五）2011 年至今

随着各地政府的限购令和十七届三中全会、六中全会以及十八大把中国"十二五"工作的重心转向文化大发展大繁荣后，文化产业园区的兴建被提升到政治高度，几乎所有的区县级以上政府都把兴建创意产业园区作为自己的重要工作目标，兴建园区热重燃。《分布图》统计了 2009～2012 年国内文化创意产业集聚区发展情况，如图 5 所示。

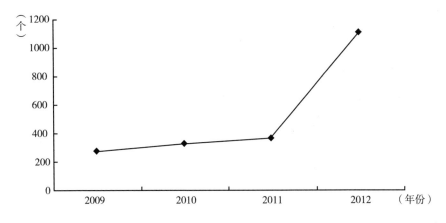

图 5　2009～2012 年中国文化创意产业集聚区数量增长情况

国内各省市区 2011～2012 年文化创意产业集聚区情况，如图 6 所示。

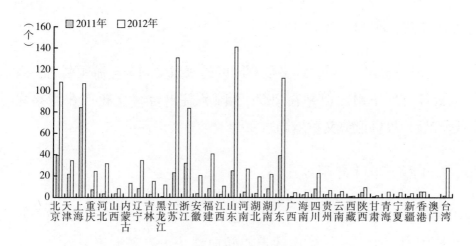

**图6 2011～2012 年中国各省市区文化创意
产业集聚区数量情况**

读者可以清晰地看出我国各省市区文化创意产业集聚区在 2011～2012 年的激增情况。也就是说，政府导向使国内文化创意产业集聚区呈现爆炸式增长，也表明 2011～2012 年亚洲文化创意产业集聚区的骤增源于中国。而这种不符合市场规律的爆炸式增长真的有助于国内文化创意产业的发展吗？集聚区真的能够起到它应有的集聚效应吗？有数据表明，国内文化创意产业集聚区同质化严重，而能盈利的不足 10%。

虽然国内文化创意产业集聚区面临着诸多问题，但热力分布图也从侧面反映出了国内经济发展情况，如图 7 所示。

由于资金以及大城市市中心土地资源匮乏等原因，2012 年集聚区主要以开发东部沿海城市和相对发达城市的市郊与中西部核心城市的市中心为主。

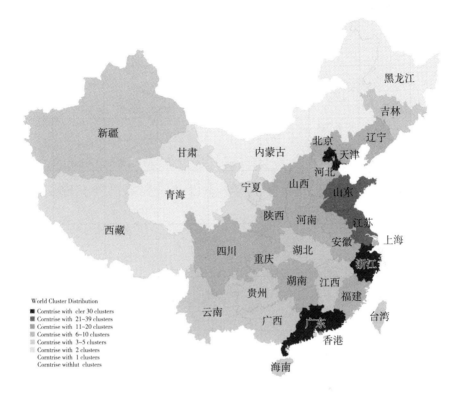

图7 2012年中国文化创意产业集聚区热力分布

三 结语

世界文化创意产业的发展脉络清晰，从英国、澳大利亚的创意产业，到美国的版权产业、日本的内容产业，再到中国的文化创意产业，各有侧重，各有不同，却又殊途同归，属于后工业时代的新兴产业，是人类社会文明发展到一定阶段的产物。

研究世界文化创意产业集聚区数量、分布情况，可以从侧面宏观地把握各地文化创意产业发展情况，为合理优化产业发展布局提供可靠的现实依据。

第四版《分布图》除文化创意产业集聚区分布情况外，在世界地图页附有"联合国教科文组织创意城市网络"最新创意城市名单以及"欧洲文化之都"历年的分布情况；在中国地图页里附有"国家级文化产业示范园区"、"国家级文化产业试验园区"、"国家级文化与科技融合示范基地"以及各地文化创意产业社会团体和文化创意产业博览交易会的相关情况。第四版《分布图》对《分布图》予以内容上的延伸，为熟悉以及研究国内外文化创意产业的研究者提供了有效的借鉴。

注：世界文化创意产业集聚区统计内容借鉴《LP 旅行指南系列丛书》、中国文化创意产业网（ccitimes. com）、论文文献资料、政府工作报告等。

B.21
参考文献

1. 赵立波:《关于青岛蓝色文化品牌建设的思考》,《中国海洋大学学报》(社会科学版) 2013 年第 2 期。

2. 曹微:《我国创意城市创意能力评价及提升对策研究》,东北石油大学硕士学位论文,2012。

3. 周海鸥:《关于青岛文化建设的思考》,《绿色青岛,科技奥运——青岛市第三届学术年会论文集》,2012。

4. 陈洪泉:《关于"文化青岛"建设的几点思考》,《中共市委党校 青岛行政学院学报》2012 年第 2 期。

5. 李建新:《关于青岛民俗文化的思考》,《剑南文学》(经典教苑) 2011 年第 2 期。

6. 姜正轩:《"青岛文化"建设文集 (2011)》,青岛出版社,2011。

7. 陆安:《青岛历史文化名城保护的思考》,《青岛职业技术学院学报》2009 年 9 月第 22 卷第 3 期。

8. 〔英〕查尔斯·兰德利:《创意城市——如何打造都市创意生活圈》,杨幼兰译,清华大学出版社,2009。

9. 巩艳芬、曹微、魏希柱:《中国创意城市发展的战略方法研究》,《哈尔滨工业大学学报》(社会科学版) 2010 年第 6 期。

10. 李东宇:《区域文化传媒产业竞争力综合评价体系研究》,重庆大学硕士学位论文,2009。

11. 宋迪:《传媒变革时代的媒体移动化》,《中国传媒科技》2010 年第 8 期。

12. 万明：《传统广播媒体的移动互联网应用分析和策略——"车主宝典"技术和模式创新分析》，《广播与电视技术》2011 年第 3 期。

13. 许泽聘：《移动互联网产业链的演变研究》，南京邮电大学硕士学位论文，2012。

14. 刘华、漆清明：《浅谈 3G 时代的移动互联网应用》，《福建电脑》2010 年第 2 期。

15. 张亚东：《浅谈云计算发展现状和趋势》，《科技致富向导》2011 年第 8 期。

16. 金元浦：《数字港·物联网·云计算——文化创意产业集聚区与国际贸易的高端融合》，《科技智囊》2010 年第 12 期。

17. 魏胜吉，《青岛市网络文化建设和管理现状与对策研究》，山东大学硕士学位论文，2009。

18. 杨栋梁：《移动互联网发展趋势的研究》，《电脑知识与技术》2012 年第 5 期。

19. 吴劲松、陈孚：《云计算发展及应用研究》，《广西通信技术》2011 年第 2 期。

20. 陈功焕、刘小珍、陈元：《文化产业中女性就业比较优势探析》，《企业经济》2013 年第 1 期。

21. 张陶钧：《辽宁沿海经济带发展海洋文化产业促进就业探讨》，《现代信息经济》2013 年第 15 期。

22. 孙元元、林宪生、王瑜：《试论中国文化产业的就业特点》，《云南地理环境研究》2011 年第 6 期。

23. 罗道全：《文化产业促进就业的国际经验及启示》，《论北京文化产业发展——北京文化论坛文集》，2009。

24. 方忠：《文化创意产业就业影响因素及其效应》，《重庆社会科学》2010 年第 5 期。

25. 姜远伟：《2014 世园会能带来什么》，《商周刊》2011 年第 8 期。

26. 张韶天：《李沧：借"世园"踏板起跳》，《商周刊》2011 年第 4 期。

27. 蒋三庚、张杰、王晓红：《文化创意产业集群研究》，首都经济贸易大学出版社，2010。

28. 王伟：《大潮飞哥》，青岛出版社，2010。

29. 青岛市统计局：《青岛统计手册 2011》，2011。

30. 青岛市人民政府、青岛市史志办公室：《青岛年鉴 2012》，2012。

31. 青岛市人民政府、青岛市史志办公室：《青岛概况》，五洲传播出版社，1999。

32. 青岛市人民政府：《关于实施文化强市战略推动文化大发展大繁荣的意见》，2008。

33. 青岛市人民政府：《市委市政府关于推进文化青岛建设打造文化强市意见》，2011。

34. 青岛市人民政府：《文化创意产业版权质押贷款指导意见》，2011。

35. 青岛市人民政府：《青岛市金融支持文化创意产业发展的指导意见》，2009。

36. 青岛市人民政府：《关于加快会展业发展的意见》，2007。

37. 青岛市人民政府：《青岛市加快促进文化产业发展若干政策》，2008。

38. 青岛市人民政府：《关于鼓励和扶持动漫创意产业发展的实施意见》，2009。

39. 青岛市人民政府：《青岛市文化人才培养和引进计划》，2013。

40. 青岛市人民政府：《青岛市服务业发展布局规划（2009～2012年)》，2009。

41. 青岛市人民政府：《青岛市服务外包产业发展规划（2008～2015年)》，2008。

42. 青岛市人民政府：《青岛市现代服务业人才发展规划》，2010。

43. 青岛市人民政府：《青岛市"千万平米"文化创意产业园区建设推进方案》，2012。

44. 青岛市人民政府：《青岛市国民经济和社会发展第十二个五年规划》，2011。

45. 青岛市人民政府：《青岛市"十二五"时期文化改革发展规划纲要》，2011。

46. 青岛市人民政府：《青岛市文化产业发展专项规划（2008～2012)》，2008年4月29日。

47. 青岛市文化广电新闻出版局：《完善体系集群发展青岛市做大做强文化创意产业》，2011年11月8日。

48. 青岛市政协文史资料委员会、青岛电视台：《青岛文脉》，青岛出版社，2007。

49. 王欣：《青岛有了"15分钟文化圈"》，《走向世界》2011年第17期。

50. 张胜冰、马树华：《青岛文化的历史文脉对城市文化精神的影响》，《中国海洋大学学报》（社会科学版），2007。

51. 马君兰：《青岛文化名人故居保护与开发研究》，《中国海洋大学》，2009。

52. 王志华：《文学与青岛文化名城建设》，《华章》2010年第36期。

53. 庞桂美：《后奥运时代的城市文化特色与青岛城市发展》，《山东青年政治学院学报》2011 年第 2 期。

54. 张静静：《浅议建设青岛特色的城市文化》，《青岛职业技术学院学报》2011 年第 24 卷第 3 期。

55. 董杰：《青岛地域文化多元性对经济发展影响研究》，青海师范大学硕士学位论文，2008。

56. 华章琳、蔡萍：《文化强市视野下青岛高校区域文化的引领与发展》，《中国石油大学学报》（社会科学版）2012 年第 28 卷第 1 期。

57. 魏浩浩、邵璐璐：《文化青岛走向绿洲时代——文化青岛的中间力量》，《走向世界》2011 年第 26 期。

58. 徐艳芳、王蔚、金华：《文化产业视角下的城市文化软实力——兼论济南市文化软实力发展路径选择》，《济南大学学报》（社会科学版）2011 年第 21 卷第 5 期。

59. 王丽：《青岛文化产业发展的对策建议》，《信息系统工程》2011 年第 4 期。

60. 章妮：《我国城市文化网络建设的价值引导——以青岛市文化网络建设为例》，《青年记者》2013 年第 26 期。

61. 章妮：《我国城市文化网络建设存在的问题——以青岛市为例》，《青年记者》2013 年第 24 期。

62. 王钰、钟家玉：《试论青岛市创新型城市建设总科技政策法规的完善》，《世纪桥》2011 年第 23 期。

63. 杨吉华：《烟台与青岛文化产业比较及其启示》，《山东行政学院学报》2012 年第 2 期。

64. 何毅：《民营资本发力文化产业"点燃"青岛演出市场》，《半岛都市报》2011 年 1 月 10 日。

65. 魏浩浩、王勇森、杜永健：《艺术盛宴　璀璨绽放——专访青岛演艺集团董事长童季平》，《走向世界》2013 年第 20 期。

66. 王志华：《文学与青岛文化名城建设》，《华章》2010 年第 36 期。

67. 潘娜娜：《青岛蓝色文化建设研究》，《中国石油大学学报》（社会科学版）2011 年第 3 期。

68. 束春德、蒲艳春、辛丽轲、刘福恒：《青岛海洋文化产业发展战略研究》，《海洋开发与管理》2011 年 9 月。

69. 王伟克：《城市文化软肋，是文化青岛的发展路标》，《中国科技纵横》2011 年第 22 期。

70. 荆晓燕：《彰显青岛海洋文化特质研究》，《中共青岛市委党校青岛行政学院学报》2011 年第 5 期。

71. 郭芳：《解读青岛特色节庆的时代表征——文化社会学的分析》，《青岛职业技术学院学报》2010 年第 3 期。

72. 高莲莲、荆晓燕：《青岛市建设现代海洋文化名城的 SWOT 分析》，《中共青岛市委党校 青岛行政学院学报》2012 年第 2 期。

73. 曾先国：《塑造美术品牌襄助"文化青岛"》，《青岛画报》2011 年第 2 期。

74. 郭泮溪、李萌：《劈柴院市井民俗文化传承与"文化青岛"建设》，《东方论坛：青岛大学学报》2011 年第 3 期。

75. 王欣：《青岛文化众人观》，《走向世界》2011 年第 26 期。

76. 王欣：《文化大融合发展新引擎——访中共青岛市委宣传部副部长、青岛市文化广电新闻出版局党委书记、局长姜正轩》，《走向世界》2011 年第 2 期。

77. 崔燕：《文化青岛的市北模式》，《青岛画报》2011 年第 2 期。

78. 王欣：《文化市南 探访老舍故居》，《旅游世界》2011 年 9 月。

79. 庞桂美：《休闲文化特色与青岛城市发展互动研究》，《青岛科技大学学报》（社会科学版）2007 年 1 月。

80. 于丽：《文化青岛绽放"五朵金花"》，《青岛画报》2012 年第 2 期。

81. 刘扬、石培基、夏冰：《民俗节庆旅游的资源分析——以青岛民俗节庆旅游为例》，《生态经济》2010 年第 8 期。

82. 赵秀丽：《市场经济体制下宗教文化产业发展探究——以青岛市为例》，《理论观察》2013 年第 7 期。

83. 宋永刚：《大数据时代加快出版业转型升级的思考》，《中国编辑》2013 年第 5 期。

84. 荐红梅：《与文化产业结合的青岛文化旅游开发研究》，《新财经》（理论版）2011 年第 5 期。

85. 孙靖、刘志峰、孙景军：《崂山力量》，《商周刊》2012 年第 5 期。

86. 黄伟：《从郎朗音乐会说创意文化产业利益共赢——访青岛海韵琴行有限公司董事长莫蓓茜》，《乐器》2009 年第 3 期。

87. 赵少俐：《地域文脉肌理对文化创意产业发展的影响——以青岛为例》，《美术大观》2012 年第 2 期。

88. 吴伟：《加快副省级城市核心区文化创意产业发展研究——以青岛市南区为例》，《中共青岛市委党校 青岛行政学院学报》2011 年第 1 期。

89. 闫文君：《评孟华、李玉尚〈文化元素·国家·地方——以青岛文化为例〉》，《符号与传媒》2012 年第 1 期。

90. 臧巍巍、于建东、周洁：《现代节庆活动与城市文化传承——青岛国际啤酒节的启示》，《青年记者》2009 年第 11 期。

91. 张华：《春天来了，能否唤醒青岛演艺夜场》，《走向世界》2010 年第 11 期。

92. 郭先登：《关于全方位发展文化旅游的研究——以青岛市为个案》，《经济与管理评论》2013 年第 1 期。

93. 齐玉峰：《十大产业园区助推四方转型》，《青岛画报》2011 年第 8 期。

94. 郑国：《青岛市创意产业园业态现状与优化对策》，《青岛职业技术学院学报》2010 年第 4 期。

95. 方百寿、仲婷婷：《基于旅游文化的青岛八大关景区开发研究》，《中共青岛市委党校 青岛行政学院学报》2012 年第 5 期。

96. 周甬琴：《寻找传承与变迁中的民俗文化——即墨田横祭海节田野调查报告》，《电影评介》2011 年第 3 期。

97. 宋云：《浅议青岛城市文化旅游开发研究》，《科教导刊》（中旬刊）2011 年第 6 期

98. 杨国娇、刘潇：《韩家民俗村：特色旅游风向标》，《青岛画报》2011 年第 10 期。

99. 鲍晶：《政府推动区域创意产业发展的路径选择——以青岛开发区为例》，《现代经济信息》2010 年第 21 期。

100. 刘庆：《青岛地区物质文化遗产保护与利用研究》，山东大学博士学位论文，2010。

101. 房兆灿：《动漫业的青岛观察》，《商周刊》2009 年第 16 期。

102. 万蓬勃：《青岛市动漫产业发展探析》，《北方经贸》2011 年第 12 期。

103. 庞玉生：《青岛市服务外包实训基地建设策略研究——以结合动漫服务外包发展研究分析为例》，《青岛职业技术学院学报》

2013 年第 4 期。

104. 张胜冰、张欣：《创意产业：新业态催生青岛经济发展新活力》，《走向世界》2010 年第 11 期。

105. 程良、李连瑞：《创意产业对旧建筑的更新利用》，《山西建筑》2010 年第 9 期。

106. 韩琛、李广辉、陈辉：《青岛市影视旅游资源的现状分析及开发策略》，《青岛农业大学学报》（社会科学版）2009 年第 4 期。

107. 束春德、蒲艳春、辛丽轲、刘福恒：《青岛海洋文化产业发展战略研究》，《海洋开发与管理》2011 年第 9 期。

108. 潘娜娜：《青岛蓝色文化建设研究》，《中国石油大学学报》（社会科学版）2011 年第 3 期。

109. 万蓬勃：《青岛市动漫产业发展探析》，《北方经贸》2011 年第 12 期。

110. 孙桂华、张夏：《胶南市文化产业发展对策研究》，《现代商贸工业》2011 年第 2 期。

111. 张晓：《城乡统筹视角下青岛市旅游文化的竞合研究》，浙江海洋学院硕士学位论文，2012。

112. 杨光超：《2012，青岛旅游业航标》，《商周刊》2012 年第 9 期。

113. 陈慧娇、谭业庭、陈国庆：《青岛市黄岛区旅游产业发展研究》，《经济研究导刊》2010 年第 16 期。

114. 杨莎：《青岛市近 20 年交响音乐演出市场发展概述》，《理论学习——山东干部函授大学学报》2009 年第 4 期。

115. 吕飞云：《青岛演艺业发展的问题与对策》，《建设经济文化强省：挑战·机遇·对策——山东省社会科学界 2009 年学术年会文集（4）》，2009。

116. 青岛政务网：http：//www. qingdao. gov. cn/n172/.

117. 市南政务网：http：//www. qdsn. gov. cn/n16/index2. html.

118. 市北政务网：http：//shibei. qingdao. gov. cn/n1070/index. html.

119. 李沧政务网：http：//www. qdlc. gov. cn/.

120. 崂山政务网：http：//www. laoshan. gov. cn/n206250/index. html.

121. 城阳政务网：http：//www. chengyang. gov. cn/.

122. 黄岛政务网：http：//www. qda. gov. cn/index. html.

123. 即墨政务网：http：//www. jimo. gov. cn/jimo/index/index. shtml.

124. 胶南政务网：http：//www. jiaonan. gov. cn/.

125. 胶州政务网：http：//www. jiaozhou. gov. cn/jiaozhou/index/index. html.

126. 四方政务网：http：//www. qdsf. gov. cn/n241/index. html.

127. 平度政务网：http：//www. pingdu. gov. cn.

128. 莱西政务网：http：//www. laixi. gov. cn/index.

权威报告　热点资讯　海量资源

当代中国与世界发展的高端智库平台

皮书数据库　www.pishu.com.cn

　　皮书数据库是专业的人文社会科学综合学术资源总库，以大型连续性图书——皮书系列为基础，整合国内外相关资讯构建而成。该数据库包含七大子库，涵盖两百多个主题，囊括了近十几年间中国与世界经济社会发展报告，覆盖经济、社会、政治、文化、教育、国际问题等多个领域。

　　皮书数据库以篇章为基本单位，方便用户对皮书内容的阅读需求。用户可进行全文检索，也可对文献题目、内容提要、作者名称、作者单位、关键字等基本信息进行检索，还可对检索到的篇章再作二次筛选，进行在线阅读或下载阅读。智能多维度导航，可使用户根据自己熟知的分类标准进行分类导航筛选，使查找和检索更高效、便捷。

　　权威的研究报告、独特的调研数据、前沿的热点资讯，皮书数据库已发展成为国内最具影响力的关于中国与世界现实问题研究的成果库和资讯库。

皮书俱乐部会员服务指南

1. 谁能成为皮书俱乐部成员？

- 皮书作者自动成为俱乐部会员
- 购买了皮书产品（纸质皮书、电子书）的个人用户

2. 会员可以享受的增值服务

- 加入皮书俱乐部，免费获赠该纸质图书的电子书
- 免费获赠皮书数据库100元充值卡
- 免费定期获赠皮书电子期刊
- 优先参与各类皮书学术活动
- 优先享受皮书产品的最新优惠

3. 如何享受增值服务？

（1）加入皮书俱乐部，获赠该书的电子书

　　第1步 登录我社官网（www.ssap.com.cn），注册账号；

　　第2步 登录并进入"会员中心"—"皮书俱乐部"，提交加入皮书俱乐部申请；

　　第3步 审核通过后，自动进入俱乐部服务环节，填写相关购书信息即可自动兑换相应电子书。

（2）免费获赠皮书数据库100元充值卡

　　100元充值卡只能在皮书数据库中充值和使用

　　第1步 刮开附赠充值的涂层（左下）；

　　第2步 登录皮书数据库网站（www.pishu.com.cn），注册账号；

　　第3步 登录并进入"会员中心"—"在线充值"—"充值卡充值"，充值成功后即可使用。

4. 声明

　　解释权归社会科学文献出版社所有

皮书俱乐部会员可享受社会科学文献出版社其他相关免费增值服务，有任何疑问，均可与我们联系

联系电话：010-59367227　企业QQ：800045692　邮箱：pishuclub@ssap.cn

欢迎登录社会科学文献出版社官网（www.ssap.com.cn）和中国皮书网（www.pishu.cn）了解更多信息

法 律 声 明